KB044285

인스타그램 심리학

더 버는 인플루언서의 브랜딩 법칙

인스타그램 심리학

문영호 지음

넉스톤

인스타그램,
더 버는 매력을 만드는 도구

"우리 제품이 제일 좋은데 왜 안 팔릴까요?"

제가 마케팅 강의를 할 때 가장 많이 듣는 말입니다.

"제가 저 사람보다 말을 잘했는데 왜 면접에서 떨어졌을까요?"

이 말도 마찬가지입니다.

과연 안 팔리고, 불합격한 이유는 뭘까요? 저의 대답은 간단합니다.

"상대가 보기에 매력적이지 않았기 때문입니다."

제 취미는 MTB 자전거 타기인데, 어느 날 자전거용 신발을 새로 사야 했습니다. 저는 과연 무엇을 보고 새 신발을 선택했을까요? 제가 고른 신발은 기능적으로 가장 좋은 제품이 아니었습니다. 그저 가장 끌렸던, 매력적으로 보이는 신발을 골랐죠. 참고로 아디다스의 '파이브 텐'이란 신발인데, 인솔이나 아웃솔이 어떤 소재인지, 어떤 기능이 있는지는 그리 따지지 않았습니다(물론 기능적으로 부족함은 없습니다). 그저 아디다스 신발이라는 점, 검색해보니 저처럼 MTB 자전거를 즐기는 이들이 많이 선택했다는 점, 호의적인 후기에 이끌려 결정했던 겁니다.

사소한 이야기 같지만, 많은 판매자의 착각이 일어나는 지점입니다. '소비자는 기능이 좋은 제품을 선택한다'는 착각이죠. 물론 기능이 중요하고, 기능을 최우선시하는 소비자도 있습니다. 하지만 내 경쟁자들의 제품도 다 기능이 좋습니다. 소비자가 궁극적으로 끌리는 건 제품의 기능이 아닙니다. '매력'에 끌릴 뿐입니다.

남에게 어떻게 보이든 상관없이 기능만 중요하다면, 때에 따라 굳이 옷을 차려입을 필요가 없습니다. 출근할 때도 집에서 입는 옷이나 잠옷 차림 그대로 회사에 가면 됩니다. 기능적으로 가장 편하고 좋으니까요. 하지만 우리는 잠옷을 입고 출근하지 않습니다. 다른 사람이 나에 대해 어떻게 생각할지 늘

신경쓰기 때문이죠. 물론 아닌 사람들도 있겠지만 평범한 경우는 아니겠죠. 우린 이런 사람들을 '자유로운 영혼' 혹은 '회장님 아들딸'이라 부릅니다.

가수에겐 가창력이 매우 중요합니다. 그런데 가창력이 좋을수록 돈을 더 많이 벌까요? 가요 프로그램 순위가 옥타브 높이와 비례할까요? 물론 관계는 있겠지만 현실은 그렇지 않습니다. 가창력에 더해 외모, 안무 실력, 무대 매너 등의 다양한 요소가 합쳐져 매력을 가장 잘 발산하는 가수가 큰돈을 벌고 높은 순위에 오릅니다. 배우도 마찬가지입니다. 연기를 가장 잘하는 배우라고 가장 높은 몸값을 받는 건 아니죠.

홍성태 교수님의 《모든 비즈니스는 브랜딩이다》에 비슷한 사례가 나옵니다. 교수님이 조카에게 꽤나 준수한 사람과 소개팅을 시켜줬는데 결국 이어지지 못했다고 합니다. 그 이유를 물어보니 돌아온 답이 무엇이었을까요?

"조건은 좋은데 끌리지가 않아요."

한마디로 매력적이지 않다는 겁니다.

여러분도 물건을 사거나 사귀자는 고백을 받았을 때, 처지는 건 없는데 뭔가 선뜻 마음이 서지 않는 경우가 있었을 겁니다. 유명한 영화 제목에 빗대면 '당신은 그에게 반하지 않았다'

가 되겠고, 제 대답으로는 매력이 없어서 벌어지는 일입니다.

그럼 어떻게 해야 매력이 생길까요?

인간이 필요로 하는 아이템은 크게 세 가지입니다.

· 개인의 문제를 해결하는 아이템
· 사회적 문제를 해결하는 아이템
· 인간의 욕망을 채우는 아이템

'개인의 문제를 해결하는 아이템'은 우리가 쉽게 생각할 수
있고, 주변에 많이 보이는 아이템입니다. 기존 금융 앱과 달리
하나의 앱에서 비밀번호만으로 대부분의 금융 업무가 가능한
토스, 여성을 가사 노동에서 해방시킨 세탁기, 온갖 '고통'에서
인간을 구한 진통제, 단란한 식사 후 꼭 생기는 부부싸움을
없애준 식기세척기 등입니다(실제로 제 친구 부부도 식기세척기 덕분
에 다툼이 줄었다고 합니다).

'사회적 문제를 해결하는 아이템'은 무엇일까요? 30만 원
대 보청기가 좋은 예입니다. 그간 보청기 가격은 아무리 싸도
100만 원, 비싸면 700만 원까지 했습니다. 반면 보청기 구매
보조금은 30만 원에 불과했죠. 이 보조금도 청각장애 등록이

된 경우에만 받을 수 있었습니다. 보조금을 받아 가장 싼 보청기를 사도 꽤나 부담이 됩니다. 경제적 취약층의 경우 구매를 망설이게 되는데, 청각에 문제가 있으면 일할 때 불리하니 경제적 어려움이 가중되는 악순환이 생기죠.

그래서 딜라이트라는 회사가 30만 원대 보청기를 개발합니다. 그러자 기존 업체도 저가형 제품을 뒤따라 내놓기 시작했고, 구매 보조금은 거꾸로 131만 원으로 올랐습니다. 수익도 내면서 사회적 문제도 해결한 좋은 사례입니다(참고로 딜라이트는 모 제약회사가 인수해 대원메디테크라는 이름으로 바뀌었습니다).

제가 좋아하는 이유사회적협동조합의 교통 서비스도 이러한 목적에 부합합니다. 교통 약자의 이동 문제를 해결하려는 목적으로 설립된 이 회사는, 위치와 경로를 계산해 가장 가까운 차량과 이용자를 매칭하는 서비스를 제공합니다. 대기 시간과 공차율을 줄이고 교통 약자 이동권까지 보장하는 멋진 서비스입니다.

참고로 대원메디테크나 이유사회적협동조합은 자선 및 구호단체와는 운영 목적이 다릅니다. 자선 및 구호단체는 비영리단체죠. 반면 이 두 회사는 사회적 문제를 해결하되 영리를 추구하는 기업입니다.

마지막으로 '인간의 욕망을 채우는 아이템'입니다. 이른바

명품, 사치품, 럭셔리라는 말이 붙는 제품입니다. 빈티지 주류나 오토매틱 시계, 고급 세단이나 스포츠카, 루왁 커피 등입니다. 초당 13리터의 공기를 내뿜는다는 100만 원 이상의 무선 진공청소기나 "가전도 작품이 된다"는 슬로건으로 1억 원을 호가하는 대형 텔레비전도 욕망을 채우는 아이템입니다.

사실 고급 세단이나 스포츠카라서 운전이 더 쉽다거나(오히려 스포츠카가 운전하기 더 불편하고, 고급 세단이라면 주인은 운전석이 아닌 뒷좌석에 앉아 있겠죠), 빈티지 와인을 마신다고 다음 날 숙취가 전혀 없진 않습니다.

"그동안 운전하기 힘드셨죠?"

"다음 날 숙취 때문에 고민이시죠?"

"핸드백 수납 공간이 좁아 불편하셨죠?"

고급 자동차나 주류, 명품 가방 광고에서 이런 식의 카피를 볼 일은 없죠. 이런 제품에선 기능과 품질은 선택에서 크게 중요하지 않기 때문입니다. 단지 얼마나 매력적인 존재로 보이냐가 중요할 뿐입니다.

오늘날 제품과 서비스 혹은 자신의 매력을 가장 잘 발휘할 수 있는 도구로 빼놓을 수 없는 것이 바로 인스타그램입니다. 가장 많은 세대에서 많이 사용되는 소셜 미디어 중 하나이기 때문이죠. 지금도 인스타그램에선 수많은 인플루언서가 자신의 '매력'을 뽐냅니다. 그리고 수많은 사람들이 인플루언서 혹은 인스타그래머가 되길 원하죠. '팔리는 매력'에 대해 고민하면서 제가 인스타그램에 주목하는 이유이기도 합니다.

또 하나, 인스타그램의 심리에 주목하는 이유도 있습니다. 많은 판매자들이 자주 착각하지만, 사람의 의사결정이 항상 합리적이거나 이성적이진 않습니다. 생각보다 많은 선택이 감성의 영역에서 이뤄지죠. 실제로 인간이 합리적 존재라 생각하면 이해하지 못할 일이 너무 많습니다. 특히 소비의 세계에서는 더합니다. 쓰기도 불편하고 디자인도 그리 좋지 않은 주제에 가격에 '0'이 하나 더 붙은 제품에 열성 마니아가 생긴다거나, 환경오염을 다룬 다큐멘터리를 심각한 얼굴로 보면서 일회용 플라스틱 그릇에 담긴 인스턴트 음식을 데워 먹는 사람들이 결코 합리적이라고 하긴 어려울 겁니다.

뇌과학자들이 말하길, 사람의 의사결정에서 가장 중요한 역할을 하는 곳은 뇌의 변연계라고 합니다. 그런데 변연계에선 수많은 결정이 무의식적으로 이루어진다고 합니다. 인간의 무의식을 자극하는 요소 중 대표적인 것이 바로 디자인과 스토리입니다.

소비자에게 선택받으려면 당연히 디자인이 예뻐야 합니다. 여기서의 디자인은 제품만이 아니라 홈페이지, 상세 페이지, 인스타그램 이미지, 명함 및 간판 등 소비자가 구매 경험 단계에서 보는 모든 것을 의미합니다. 물론 예쁨에만 목숨 걸다가 '예쁜 쓰레기'가 되면 안 되겠지만, 예쁘지 않으면 눈길조차 받지 못합니다.

스토리의 경우 '이 제품을 사면 최소한 다른 사람에게 뒤처지진 않겠지'처럼 구매를 통해 자신이 좋은 모습으로 인식될 거라는 소비자의 기대에 부응해야 합니다. 이익보다 손해를 크게 느끼는 인간의 심리를 이용하는 것으로, 공포 및 위협 마케팅이 '먹히는' 이유이기도 합니다. 심리학에서는 이를 '손실회피성향'으로 설명하죠. 마케팅과 브랜딩에서는 이처럼 이성으로 설명하기 어려운, 다분히 '심리적인' 의사결정이 많이 개입됩니다. 인스타그램에서도 당연히 그렇고요. 이 책에서 인스타그램의 '심리'를 다루는 이유입니다.

"인스타그램으로 더 큰 수익을 내거나, 팔로어를 늘리려면 어떻게 해야 하죠?"

인스타그램을 하다 보면 항상 궁금한 점입니다. 잘나가는 계정을 따라 해보기도 하고, 매일매일 꾸준히 사진을 올려도 좀

체 팔로어가 늘지 않고 '좋아요' 알림도 뜨지 않는 시기가 분명 찾아옵니다. 이 책은 이런 질문에 대한 답이기도 합니다.

1부 "매출을 올리는 인스타그램 심리학"에서는 인스타그램에 숨은 심리적 요소를 찾아냅니다. 이를 통해 인플루언서와 아닌 사람의 차이는 무엇인지, 그 차이를 좁힐 수 있는 방법은 무엇인지를 알아봅니다. 같은 주제의 콘텐츠라도 내가 원하는 이들에게 더 자주, 많이 가닿을 수 있는 방법을 얻으리라 봅니다.

2부 "더 버는 인플루언서의 10가지 법칙"에서는 실제 인플루언서를 인터뷰해 인스타그램 브랜딩 방법과 팁을 알아보고 그들이 더 버는 법칙을 공개합니다. 주제, 지역, 성별, 나이가 모두 다른 인플루언서들에게 공통으로 적용되는 법칙이라면 '더 버는 방법'에 대한 완벽한 정답은 아니더라도 모범 답안에는 가까우리라 생각합니다.

여러분이 이 책을 집어 든 동기는 모두 다를지 모릅니다. 인스타그램을 처음 시작해서, 팔로어가 늘지 않아서, 회사 인스타그램을 관리해야 해서, 사이드 잡을 갖고 싶어서… 동기는 다르지만 사실 목적은 같습니다. 인스타그램에서 하나의 '브랜드'가 되고 싶다는 것입니다.

이제 여러분이 만든 제품이나 서비스 혹은 여러분 자체가 인스타그램에서 쉽고도 빠르게 빛날 수 있는 방법을 만날 차례입니다.

인스타그램의 세계에 '한 발짝' 더 들어오신 것을 환영합니다.

차례

:

2부_ 더 버는 인플루언서의 10가지 법칙

1부

매출을 올리는 인스타그램 심리학

요즘 유행은 누가 만들까?

"형! 저희 가게에서 어떻게 손님 줄 세웠는지 알려드릴까요?"

외식업을 하는 친한 동생에게 연락이 왔습니다. 그러고는 다른 사람에겐 말하지 말라며 자신의 비법을 알려줬습니다(말하진 않고 책에 담았으니 전 약속을 지킨 겁니다). 동생도 다른 곳에서 들은 방법이라는데, 생각보다 간단했습니다.

- 방문객에게 이벤트 참여 의사 묻기
- 참여를 원할 경우 참여 조건 공지
  - 인스타그램 팔로어 100명 이상

- 음식 사진 업로드 후 '좋아요' 20개 이상 채우기

- 조건 충족 시 4만 원 식사권 제공

• 식사권은 인스타그램 아이디 확인 후 바로 사용 가능

- 식사권은 금액 내에서 나눠 사용 가능(이를 통한 재방문 기대)

이 이벤트가 성공하기 위해서는 필요조건이 있습니다. 일단 음식이 맛있어야 하고, 예뻐야 합니다. 음식 사진을 올리면 주위에서 부러워할 거라는 확신을 고객에게 심어줘야 합니다. 한마디로 '남에게 자랑하고 싶은 음식'이어야 합니다. 똑같은 이벤트를 했을 때 성공하는 음식점, 실패하는 음식점은 여기서 갈립니다.

간단하다고 말했지만 이 이벤트는 꽤나 치밀하게 설계돼 있습니다. 먼저, 기존의 '인스타그램에 업로드하면 콜라 한 캔 공짜' 이벤트의 단점을 없앴습니다. 콜라 한 캔도 음식점에서 사 먹으려면 적은 가격이 아니지만, 콜라 한 캔 받으려고 광고성 게시물을 올리는 건 좀 민망한 일입니다. 실제로 이벤트가 끝나면 게시물을 지우는 경우가 꽤 있고요. 이것을 막는 방안이 '좋아요' 20개를 채워야 한다는 조건입니다. 나아가 '좋아요' 20개를 채우기 위해 인스타그램을 하는 지인들에게 부탁하게 될 확률이 높습니다. 이런 '품앗이' 과정에서 입소문 효

과가 생깁니다.

사실 4만 원 식사권은 이벤트 비용상으로 꽤나 큰돈입니다. 하지만 동생은 페이스북, 인스타그램 광고보다 식사권 이벤트가 더 효과적이라 판단하고 실행했습니다. 결과적으로 손님이 줄 서는 음식점이라는 시각적 효과에 입소문 효과까지 얻었으니 손해 보는 결과는 아니었습니다.

그런데 이 이벤트에 참여한 인스타그래머들은 어떤 이들이었을까요? 몇천, 몇만 팔로어를 가진 '메가' 인플루언서들이었을까요? 으레 메가 인플루언서들이 이벤트에 참여할수록 효과가 좋다고 생각하기 쉽습니다. 하지만 이는 반은 맞고 반은 틀린 이야기입니다.

사람들은 대개 비슷한 이들과 어울려 지냅니다. 주로 거주지, 직업, 관심사 등이 비슷하죠. 저도 그렇습니다. 제가 직업상 만나는 이들 중엔 마케터가 많습니다. 제가 인스타그램에서 마케팅 책을 소개하면 주변 이들의 구매로 이어지는 경우도 많습니다. 사적으로 친하게 지내는 이들 대부분은 저처럼 결혼해 아이가 있고, 경제적 수준도 엇비슷합니다. 제가 가족과 다녀온 여행지 사진을 올리면 친구들도 그곳에 다녀오곤 합니다.

인스타그램 팔로어가 몇백 명인 '마이크로' 인플루언서는 팔로우/팔로어 간 동질성이 메가 인플루언서보다 상대적으로 높습니다. 외식업의 경우는 지역 기반 사업이기 때문에 가게 근처 사람들에게 노출돼야 더 큰 효과를 기대할 수 있겠죠. 동생 가게에 줄을 만든 인스타그래머들도 메가 인플루언서가 아니었습니다. 음식점 근처에 사는 평범한 인스타그래머와 마이크로 인플루언서였습니다.

데이먼 센톨라는 《변화는 어떻게 일어나는가》에서 이렇게 말합니다.

"인플루언서와 오피니언 리더의 영향력은 과대평가되어 있다."

인플루언서와 오피니언 리더를 향한 '미신'이 판매, 마케팅, 홍보 심지어 정치 분야까지 침투하는 바람에 우리는 인플루언서에 의해 유행이 일어난다고 무조건 믿는다는 겁니다. 평범한 이들도 얼마든지 유행을 일으킬 수 있고, 실제 사례도 존재합니다. 우수한 기능을 가진 구글 글라스의 실패 이유 중 하나도 인플루언서와 오피니언 리더를 너무 믿었기 때문입니다.

하지만 마케팅이나 홍보 관련자들에게 이 '미신'은 여전히 강력합니다. 유명인이 광고에 나와 제품을 소개하거나 메가 인플루언서가 인스타그램에서 제품 사진을 노출하기만 하면 소비자들은 무조건 구매할 것이라 믿죠. 그리고 소비자들도 그렇게 생각하기 쉽습니다.

2009년 4월, 〈오프라 윈프리 쇼〉에서 오프라 윈프리는 방송 중에 트윗을 포스팅합니다. 수많은 시청자가 이 모습을 지켜보았고 방송이 나간 그달 말에 트위터 이용자는 약 2800만 명까지 늘어납니다.

이 사례만 보면 '아! 윈프리 덕분에 트위터 이용자가 늘었구나!'라고 생각하기 쉽습니다. 하지만 트위터 이용자는 2009년 1월부터 계속 늘고 있었습니다. 2월에 800만 명이던 이용자가 4월 초에는 무려 약 2000만 명으로 두 배 이상 늘었습니다. 윈프리가 트윗을 올린 4월은 트위터 성장세의 정점이었을 뿐이었고, 그 이후에는 오히려 이용자 증가 속도가 줄었습니다.

우리가 고민할 지점은 '윈프리가 본인 방송에서 소개할 만큼, 어떻게 트위터는 영향력 있는 상품이 됐을까?'입니다. '윈프리가 어떻게 트위터 이용자를 빠르게 늘렸을까?'가 아니었던 거죠.

《변화는 어떻게 일어나는가》에서는 평범한 사람들이 유행을 만든다고 이야기합니다. 앞에서 말했듯 동생 가게에 늘어선 줄은 평범한 인스타그래머의 후기가 만들어낸 것입니다. 영향력 있는 유명인이나 메가 인플루언서가 소개하는 제품이 항상 성공한다면 막대한 광고비를 쓴 제품은 무조건 히트해야 할 텐데, 현실은 그렇지 않습니다. 국내외에서 막강한 영향력을 끼치는 BTS조차 위기의 LG 스마트폰을 구해내지는 못했죠.

물론 이에 반론을 제기할 수 있습니다. 지금도 수많은 기업이 인플루언서나 유명인을 통한 홍보에 엄청나게 돈을 쓰는데 그것도 잘못된 것이냐고요. 많은 언론이나 전문가들 역시 인플루언서를 통한 홍보는 분명히 효과가 있다고 여전히 이야기합니다.

얼마 전, 말콤 글래드웰의 《티핑 포인트》를 다시 읽었습니다. 이 책 또한 유행이 어떻게 만들어지는지를 이야기하는데, 그 요인 중 하나로 '소수의 법칙'을 소개합니다. 즉, 유행을 촉발할 수 있는 특별한 사람이 있다는 것이죠. 연예인들의 공항 패션으로 인해 품절된 패션 아이템들의 사례가 이를 증명합니다. 줄을 서는 음식점이나 카페 중에 '누구 맛집'으로 소개되는 경우도 해당되고요.

이 두 책을 보고 내린 저의 결론은 이렇습니다.

"유행은 유명인이나 일반인이 만드는 게 아니라, 제품이 만든다."

덧붙이면, 유행을 일으키는 제품의 공통점은 '남에게 자랑하고 싶은 상품'이라는 겁니다. 뒤에서 더 자세히 다루겠지만, 사람에게 자랑의 욕구는 엄청나게 강력합니다. 이 욕구 때문에 우리는 인스타그램에 매일매일 사진을 올리고, 다른 사람이 올린 사진에 반응합니다. 이런 행동이 반복되고 얽히면서 유행이 만들어집니다.

즉, 유행을 만들려면 먼저 자랑하고 싶은 제품을 만드는 게 중요합니다. 그다음에 일반인 혹은 메가 인플루언서를 통해 입소문을 만들어야 트렌드가 될 수 있습니다. 트렌드의 좋은 예인 곰표맥주나 포켓몬빵은 출기 초기 '쉽게 구할 수 없는 제품'이라는 이미지로 사람의 '자랑' 심리를 정확히 공략했습니다. 단순히 소량 판매를 하거나 비싼 값을 매겨서 유행이 된 게 아닙니다.

사실 곰표 브랜드는 여느 주방에서나 흔히 보이는 '부모님 시절' 밀가루 브랜드였습니다. 그런데 뜬금없이 맥주와 과자, 화장품 등의 콜라보 브랜드로 재탄생했죠. 모두의 기억 속에 희미하게 남아 있던 곰표 브랜드가 생뚱맞은 제품에 등장하니 재미를 줬고, 뭔가 귀여워 보이는 곰 이미지가 잘 결합된 덕입니다(물론 회사가 곰표 이미지와 맞는 제품을 고르고자 세심하게 신경썼겠죠). 특이한 점은, 인스타그램을 통해서는 콜라보 제품과 곰표 이미지만을 집중적으로 보여줬다는 겁니다. 대한제분이라는 회사 이름은 철저히 숨겼죠. 이렇게 부모님 세대의 곰표 브랜드는 성공적으로 젊어질 수 있었습니다.

광고는 사라지고,
리뷰는 남습니다

　국민학교(초등학교) 시절부터 친한 친구가 있습니다. 제 나이가 올해 마흔다섯이니 정말 오랜 시간을 만났죠. 긴 시간을 보낸 친구여서인지 공통점도 많습니다. 가장 좋은 공통점은 둘 다 자전거 타기를 좋아한다는 겁니다. 물론 다른 점도 많죠. 그중 하나가 저는 돈을 생각 없이 쓰고, 친구는 생각을 많이 하고 쓰는 편이라는 겁니다.

　어느 날, 둘이 자전거 탈 곳을 찾기 위해 친구 계정으로 유튜브를 보다가 놀라운 사실을 발견했습니다. 친구 유튜브엔 광고가 뜨지 않았습니다. 이 '짠돌이' 친구가 매달 돈을 내고 유튜브 프리미엄을 이용하고 있던 겁니다. 간혹 긴 광고도 있지만, 평균적으로 유튜브 광고 길이는 15초입니다. 영상 전에 나오는 광고가 반갑진 않지만 저는 광고를 안 보려 돈까지 쓰고 싶진 않았습니다. 그 '짠돌이'에게 왜 유튜브 프리미엄을 쓰는지 물어봤습니다.

"광고 보기 싫어서."

실제로 강의를 다니면서 유튜브 프리미엄을 쓰는 분들 있으면 손을 들어달라고 자주 부탁합니다. 꽤나 많이 손을 들더군요. 그분들도 제 친구 이유와 같았습니다.

"광고 보기 싫어서요."

마크 셰퍼의 《인간적인 브랜드가 살아남는다》에는 한 설문조사 내용이 나옵니다. 소비자 중 '84%'가 마케팅 메시지가 '아무런 쓸모가 없다'고 생각한답니다. 광고를 집행하는 기업의 생각은 어떨까요? 마케팅 메시지의 '81%'는 소비자에게 '도움이 되고 의미 있다'고 생각한답니다. 실제로 수많은 기업이 우리 제품 정말 좋다고, 여러분 삶에 도움이 될 것이라는 메시지를 고민해 '정성스럽게' 광고를 만듭니다. 그러나 이제 소비자는 광고를 믿지 않습니다. 한 술 더 떠 돈까지 써가며 '정성스럽게' 피해가고 있죠.

앞에서 제품이 유행을 만든다고 했지만, 유행의 바탕에는 제품에 대한 리뷰의 힘도 존재합니다. 실제로 제품이나 서비스를 선택할 때 입소문의 힘은 매우 큽니다. 우리가 많이 쓰는 배달의민족, 쿠팡, 네이버 스마트스토어 등도 리뷰를 바탕으로 입소문이 이어지는 비즈니스라 해도 과언이 아닙니다. 다만 중요한 점은 가까운 지인이나 유명인의 추천, 리뷰만이 선택에 영향을 미치지는 않는다는 것입니다.

배민의 예를 들어볼게요. 메뉴를 정하고 가게를 고를 때 여러분은 무엇을 따지나요? 배달비나 최소 주문금액도 중요하지만, 가장 중요한 요소는 아마도 먼저 먹어본 이들이 남긴 리뷰일 겁니다. 사실 앱만 봐도 음식점이나 메뉴에 대한 정보는 충분합니다(메뉴 사진도 매우 정성스럽게 찍어 올립니다). 하지만 우리는 음식점이 제공하는 정보나 정성스러운 사진보다 그곳의 메뉴를 먼저 먹어본 생면부지의 사람들이 남긴 "맛있어요." 한마디, 대충 찍은 사진 한 장을 더 신뢰합니다.

그런데 이제 소비자들은 리뷰도 가려서 보기 시작했습니다. 소비자가 제품에 대해 인지하기도 전에 수많은 칭찬 리뷰가 빠르게 올라오는 경우가 많아졌기 때문이죠. '홍보성 리뷰'라는 의심이 불신을 낳는 것입니다.

리뷰의 진실성이 더욱더 중요해진 지금, 인스타그램이 주목받고 있습니다. 인스타그램에서는 누가 리뷰를 썼는지, 리뷰를 쓴 이가 제품과 서비스에 대해 얼마나 잘 아는지를 쉽게 확인할 수 있기 때문입니다. 예를 들어볼까요? 유아 용품을 사야 하는데 어디 제품을 고를지 몰라 인스타그램을 보다가 한 후기를 발견합니다. 사진도 나름대로 정성 들여 찍었고 내용도 나쁘지 않습니다. 계정을 둘러보니 유아 용품에 대해 집중적으로 리뷰하는 사람이었습니다. 물론 협찬을 받아 올린 리뷰가 많겠지만, 관련 제품에 대해서는 전문성이 있겠다 싶습니다. 그렇게 후기에 올라온 제품을 구매합니다. 다른 채널에 비해 인스타그램에 나오는 제품이나 맛집 정보가 구매로 더 빠르게 이어지는 이유입니다.

"형! 저희 가게에 어떻게 손님 줄 세웠는지 알려드릴까요?"라는 동생의 질문에 다시 답해봅니다. 충실한 리뷰어, 진정성 있는 리뷰, 매력적인 사진 한 장이 그 답일지도 모르겠습니다.

소비자의 두려움을
없애주는 리뷰

리뷰의 힘은 단순히 유행을 만드는 데서 끝나지 않습니다. 마케팅의 강력한 수단이 되기도 합니다.

"상세 페이지에서 제품 자랑하지 마세요. 다만 사면 실패하지 않는다는 확신이 들게 하세요."

마케팅 강의를 하면서, 제품 상세 페이지를 어떻게 만들어야 좋은지에 대한 질문을 종종 받는데, 그때마다 제가 하는 답변입니다.

물건을 살까 말까 고민하는 것은 '사고 나서 실패하면 어쩌지'라고 걱정한다는 의미입니다. 제품을 선택할 때 다른 사람의 리뷰가 중요하다고 앞에서 말한 이유이기도 합니다. 많은 사람이 선택했고, 만족한다는 이야기를 보고 나서야 이 물건을 사도 실패하지 않으리라는 확신이 서죠. 이렇게 소비자의 두려움을 없애주는 게 바로 마케팅입니다.

"사람이 의사결정을 망설이는 가장 큰 이유는 실패에 대한 두려움 때문이다."

인지심리학자로 유명한 김경일 교수님의 책과 유튜브 영상을 보다가 가장 기억에 남았던 말입니다. 소비자나 주위 사람을 이해하는 데 큰 도움이 되는 말이기도 합니다. 주변에 보면 말끝마다 회사를 때려치운다면서, 결국 그만두지 못하는 동료가 한두 명은 꼭 있습니다. 그 동료가 그만두지 못하는 이유는 이직 후 상황에 대한 확신이 없기 때문입니다. 그 두려움에 눌려 이력서를 수정하지 않고 구직 정보를 찾지도 않습니다. 하지만 그만두고 싶은 마음은 있기 때문에 말만 반복하는 겁니다. 경험상, 회사를 진짜 그만두는 사람은 남들이 말만 할 때 이직을 준비해 실행에 옮깁니다. 이직 후 닥칠 어떤 변화도 받아들일 수 있다는 자신감이 있기 때문입니다.

구매에서는 어떨까요? 대부분의 경우 구매 기회는 한정돼 있는데, 비싼 제품일수록 실패에 대한 두려움은 커집니다. 값

싼 제품이라면 두려움이 비교적 적겠지만, 그 대신 선택지가 너무 많아 결정을 주저하는 경우가 생깁니다. 어떤 제품이든 소비자가 선택을 주저하는 시대입니다.

많은 기업이 자신들의 제품과 서비스에 대한 리뷰를 자주, 더 많이 보이도록 노력하는 이유가 여기 있습니다. '이 제품을 사면 절대 후회하지 않겠다'라는 믿음을 주기 위함이죠. 제품을 써보고 괜찮다는 사람들이 많이 보일수록 구매 결정은 빨라집니다.

"오늘 여러분이 #흠뻑쇼에서 #기록하신 #기억을 저와 공유해주세요."

최근 인스타그램에서 싸이 '흠뻑쇼'에 다녀온 지인들의 사진을 보다가 콘서트장 스크린에서 발견한 문구입니다. 해시태그를 단 것이나, 공유해달라는 내용이나 인스타그램에 콘서트 소감을 올려달라는 뜻이죠. 흠뻑쇼를 다녀온 제 지인들도 #흠뻑쇼 해시태그를 달고 그때의 즐거웠던 순간을 사진으로 공유했습니다.

#흠뻑쇼 해시태그를 검색해보니 약 17만 건의 글이 검색됐는데 대부분 만족스러웠다는 내용이었습니다. 그렇게 올해 마흔다섯인 저도 더 나이 들기 전에 흠뻑 젖어야겠다고 생각

했습니다. 싸이의 공유해달라는 한마디가, 나이 때문에 티켓 구매를 주저하던 저의 두려움을 없애준 셈이죠.

물론 흠뻑쇼의 성공은 싸이의 노력과 예술적 감각이 가장 큰 이유겠지만, 흠뻑쇼에 대한 성공적인 구매 후기가 꾸준히 올라오는 것 역시 강력한 이유 중 하나가 아닐까요?

⋮

인스타그램에서 본 '그것'이 되려면
인스타그램 심리학

일주일 중 적게는 4일, 많게는 6일까지 자전거를 타고 뒷산을 오르내린 적이 있습니다. 덕분에 건강을 얻었지만 허리 통증도 덤으로 얻었습니다. 육중한 몸으로 허리에 무리가 가도록 쿵쿵거리며 자전거를 탔으니 이상한 일도 아닙니다. 결국 한동안 병원에 다녔는데, 의사가 의자를 바꿔보라고 권했습니다. 하루 종일 앉아서 일하는 사람은 의자 선택이 무척 중요하다면서요.

이제 우리 모두가 공감할 고민이 시작됩니다. 우리 주변엔 의자 종류가 아주 많습니다. 포털 검색에서는 말할 필요도 없고, 특정 회사 웹사이트 안에서만 검색해도 엄청나게 많은 종류의 의자가 나옵니다. 의자에 대해 잘 모르는 경우라면 더욱 문제입니다. 평소에 관심 많던 제품이라면야 아무리 종류가 많아도 마음에 드는 것을 빠르게 고를 수 있습니다. 그런데 평소에 '앉는 도구' 정도로만 여겼던 의자 중에서 '허리에 좋은 의자'를 골라내야 하니 더욱 난감한 겁니다.

결국 저는 '시디즈'의 의자를 골랐습니다. 이유는 간단합니다. 어디선가 광고를 많이 봤기 때문이었죠. 결코 합리적이지 않은 선택입니다. 하지만 다음과 같이 생각하며 나름 합리적 선택을 했다고 여깁니다.

'큰돈을 들여서 광고까지 하는 브랜드인데 대충 만들었겠어? 광고비에 저렇게 투자할 정도면 회사 규모가 있다는 뜻이 잖아. 그러니 제품이 고장났을 때도 문제가 없을 거야.'

물건을 살 때 대부분 이런 경험을 합니다. 모르겠다 싶을 땐 기억에 남아 있는 브랜드를 선택하는 것이죠.

주변에서 브랜드, 브랜드 하는데 도대체 브랜드가 뭔지 모르겠다는 분들이 있습니다. 개인적으로 브랜드의 개념을 가장 잘 설명했다고 생각하는 책이 있는데 바로 《MUJI 무인양품의 생각과 말》입니다. 이 책에서는 브랜드를 세 가지로 분류합니다.

첫 번째, 사람들이 알아도 구매하지 않는 브랜드입니다. 가게로 따지면 한두 번 가봤지만 또 갈 생각은 없거나, 가지 않았고 가볼 생각도 들지 않는 경우입니다. 즉, 디자인이나 품질이 나쁘진 않은데 굳이 사서 쓸 필요는 없고, 다른 제품으로도 대체 가능한 브랜드입니다.

두 번째, 신뢰가 가는 브랜드입니다. 써봤더니 좋아서 신뢰가 가거나, 써보진 않았어도 제품 디자인이나 상세 페이지, 홈페이지나 인스타그램 계정을 보고 신뢰가 가는 경우입니다. 대표적인 예가 나이키입니다. "저스트 두 잇"이라는 나이키 특유의 짧고 강렬한 카피 반복도 신뢰 형성에 한몫합니다. 이젠 사람들이 나이키 신발을 살 때 아웃솔엔 무슨 소재를 썼는지, 어떤 기능이 추가됐는지는 크게 궁금해하지 않습니다. 나이키라는 브랜드 자체를 이미 신뢰하기 때문입니다. 반복적 구매를 통해 이 신뢰는 더욱 강화됩니다.

저는 여러분이 읽는 이 글을 포항 스타벅스에서 썼습니다. 포항에도 분위기 있고 음료 맛이 좋은 카페가 많아서 그중 하나를 선택할 수 있었죠. 그러나 굳이 스타벅스에 온 이유는 간단합니다. 제가 예상한 상황이 빗나가지 않으리란 신뢰가 스타벅스에 있기 때문입니다. 차의 맛(참고로 저는 커피를 마시지 않습니다), 적당한 쿠션감의 좌석, 무료 와이파이, 부족함 없는 콘센트가 그대로 눈앞에 펼쳐집니다. 맥도날드가 큰돈을 버는 이유는 경쟁사보다 햄버거 맛이 월등히 좋아서가 아닙니다. 어느 지점을 가더라도 맥도날드에 기대하는 서비스를 제공받을 수 있다는 신뢰가 있기 때문이죠.

세 번째, 신뢰를 넘어 특별한 의미가 된 브랜드입니다. 그 좋은 예가 무인양품입니다. 연필부터 필통, 신발, 가방, 화장품에 이제는 집까지 팝니다. 특정 카테고리 내의 신뢰(무인양품의 경우 적절한 가격에 좋은 품질과 디자인)를 넘어 브랜드 자체가 특별하게 인식됐기 때문입니다. 물론 이런 경우는 흔치 않습니다. 만약 쌍용자동차가 화장품을 판다고 하면, 반대로 아모레퍼시픽이 트럭을 만든다면 사는 사람이 몇이나 될까요?

모든 브랜드는 자신만의 방법으로 카테고리 안에서 신뢰를 얻고, 특별한 존재로 기억되고 싶어 합니다. 브랜드를 신뢰하고 특별하게 생각하는 소비자가 많을수록 매출은 올라갑니다. 제 경우로 보자면 시디즈는 광고가 됐든, 리뷰가 됐든 신뢰의 이미지를 주려 노력했고 저는 그 반복된 메시지에 설득당

한 것이죠. 주장이 반복되면 신뢰도가 높아진다는 심리학자들의 말처럼요.

기업이 끊임없이 광고를 하고, 리뷰를 반복해 노출하며 신뢰감을 주려 노력하는 이유가 여기에 있습니다. 다만, 소비자에게 제품 리뷰를 보여주기 위해 기업은 인플루언서 한 명에게만 협찬하지 않습니다. 여럿을 뽑아 협찬을 하죠. 이렇게 '물량전'을 하는 이유는 한 꼭지의 리뷰라도 더 도달시키기 위함이기도 하지만, 여러 리뷰를 반복해 보여줘 소비자를 더욱 빠르게 설득시키려는 의도도 있습니다. 특히 짤막한 글과 사진만으로 구성되어, 메시지가 반복되어도 피로감이 덜한 인스타그램에서는 반복 설득의 효과가 더욱 강하고 오래갑니다.

하지만 구매를 설득하는 방법에 '반복'만 있지는 않습니다. 그렇다면 인스타그램에서는 반복 이외에 어떤 방식으로 소비자의 마음을 살 수 있을까요? 이를 알기 위해서는 먼저 인스타그램 속 소비자의 심리부터 다시 살펴봐야 합니다. 이것이 바로 '인스타그램 심리학'입니다.

최근 기억에 남는
브랜드가 되는 법

이제 우리는 잠시 조선 시대로 떠나봅니다. 우리 앞에 구 씨라는 남자가 있습니다. 참고로 우리나라에서 가장 흔한 이 씨나 김 씨 대신 구 씨가 나타난 이유는 드라마 〈나의 해방일지〉의 영향이 큽니다(이처럼 사람은 최근의 정보에서 가장 큰 영향을 받습니다).

지금 시간은 진시(오전 7~9시). 구 씨가 잠자리에서 깨어납니다. 그리고 물을 한 사발 들이켭니다. 방 안엔 당연히 텔레비전, 인터넷, 스마트폰이 없습니다. 간밤에 동네에서 무슨 일이 벌여졌는지 알 길이 없습니다. 그저 조용하니 별일 없겠다 짐작할 뿐이죠. 하루 종일 얼굴을 맞대는 가족과도 새로운 이야기를 나눌 게 딱히 없습니다. 그저 농사, 서로의 건강 정도지요. 그러면서 아침을 먹습니다. 밥이나 반찬도 특별할 게 없습니다. 아내가 새로운 메뉴를 알 길이 없으니까요. 아침을 먹고 하루 종일 밭일을 합니다. 중간중간 점심과 새참을 먹는 것이나 동네 사람들과의 잡담 주제도 새로울 게 없습니다. 그렇게 일을 마치고 집에 오면 씻고, 저녁을 먹은 다음 잠자리에 듭니다. 농사일만으로도 하루가 짧은 구 씨에게 책은 신기한 물건이고, 갖다 줘도 읽을 수 없습니다. 특별한 정보나 소식을 얻는 방법이 없진 않지만, 오일장에 나가거나 막걸리 한잔하러 동네 주막에 갈 때나 가능합니다.

다시 현재로 돌아옵시다. 이젠 여러분이 잠자리에서 깨어납니다. 물 한 사발 대신 진한 커피 한 잔을 마십니다. 텔레비전에서는 뉴스, 스마트폰에서는 간밤에 쌓인 소셜 미디어 알림, 메신저에서는 아침부터 쏟아지는 지인들의 잡담 등 정보가 풍부하다 못해 터질 지경입니다. 이 많은 정보가 여러분 머릿속에 전부 저장되는 건 불가능에 가깝습니다.

언젠가 인스타그램에서 일명 '회전 고깃집'을 발견했습니다. 레일 위에 초밥 대신 영롱한 쇠고기, 돼지고기가 돌아가는 모습이 피드에서 눈에 띄지 않을 리 없었죠. 게다가 집에서 멀지 않은 해운대에 있다니 꼭 한번 가보고 싶다는 생각이 들었습니다. 문제는 우리가 접하는 정보의 양이 이젠 감당할 수 없을 만큼 많아졌다는 사실입니다. 그러다 보니 정작 해운대를 가서는 회전 고깃집이 머릿속에 떠오르지 않았습니다. 애먼 곳에서 밥을 잘 먹고 집에 가는 길에서야 빙글빙글 돌아가는 쇠고기가 떠오릅니다. 아니면 며칠 뒤에 떠오릅니다.

'아! 그 집에 갔어야 했는데!'

탄식과 함께 아쉬움에 빠지지만 어쩔 수 없습니다. 배고플 타이밍에 하필 빙글빙글 돌아가는 쇠고기가 떠오르지 않았으니까요. 회전 고깃집 사장님 입장에서는 어땠을까요? 사람들이 실컷 고기 사진을 봐놓고 정작 밥 먹을 시간에 '우리 가게' 이름을 떠올리지 못했으니 매출상으로 손해입니다.

음식점이라면 음식 맛이 중요하고, 책이라면 내용이 중요하고, 옷이라면 디자인과 원단이 중요하겠죠. 하지만 소비자의 구매 결정에서 '브랜드'가 머릿속에 빨리 떠오르지 않으면 매출로 이어지기 쉽지 않습니다.

만약 해운대에 놀러 왔는데 저녁 메뉴가 딱히 떠오르지 않으면 사람들은 으레 네이버나 인스타그램에서 '해운대 맛집'을 검색합니다. 여기에 노출되면 매출로 이어질 확률이 높습니다. 다만 중요한 것은 검색 결과 중에서도 상위에 노출돼야 한다는 것입니다. 저녁에 갈 맛집 하나를 찾기 위해 20페이지를 넘겨 결과를 보는 사람은 많이 없으니까요. 대개 한두 페이지에서 메뉴가 결정됩니다. 누누이 말하지만, (저를 포함해) 소비자 대부분은 꽤나 게으릅니다. 소비자가 검색의 단계까지 넘어가지 않도록(적절한 상황에 브랜드가 떠오르도록) 소비자의 기억 순위 상위에 있어야 합니다.

언젠가 큰딸과 서울에 갈 일이 있었습니다. 평소에 둘 다 라멘을 좋아해서 서울 온 김에 라멘집을 갈까 고민했는데 바로 '압구정 센자이료쿠'가 떠올랐습니다. 개인적으로도 친분이 있는 가게입니다. 제가 시드니 살 때 일던 인연 때문이죠. 하지만 개인적 친분만으로 '제 머릿속 서울 음식점 순위'에서 1등을 할 순 없습니다. 음식점 인스타그램과 사장님 인스타그램을 통해 센자이료쿠가 지속적으로 제 머릿속에 기억됐기 때문에 가능했죠. 그렇게 서울에서의 메뉴는 검색까지 갈 것 없이 센자이료쿠로 정해졌습니다.

프라이밍 효과라는 용어가 있습니다. 사전적 정의를 빌려와 말하자면, 시간적으로 먼저 떠오른 개념이 이후에 제시되는 자극의 지각과 해석에 영향을 미치는 현상을 뜻합니다. 이를 마케팅에 적용한다면, 가장 먼저 떠오르는 브랜드가 되어야 하겠죠. 사람은 의사결정을 할 때 기억에서 정보를 가져오는데, 최근의 기억을 선호하는 경향이 높다고 합니다. 인스타그램을 통해 꾸준히 제품과 서비스에 대해 반복 노출하는 노력 역시 소비자 머릿속에서 '최근의 기억'이 되기 위함입니다. 이렇듯 인스타그램 속 의미 없어 보이는 반복 행동 역시 심리학적으로 보면 '꾸준한 전략'인 셈입니다.

⋮

옳은 말 대신 듣고 싶은 말이 필요해
인스타그램 알고리즘 속 확증편향

어느 대낮에 친한 형에게 '급' 연락이 왔습니다. 연락 목적은 이미 알고 있습니다. 거절하지 않고 낮술을 마셔줄 사람이 저뿐이라는 걸 잘 알기 때문이죠. 술잔이 오고가니 형이 낮술의 목적을 꺼냅니다. 속상한 일이 있다는 겁니다. 내용인즉슨 이번 선거에서 자신이 지지했던 후보가 패배해서 너무 화가 난답니다. 소셜 미디어에서는 그 후보가 당선될 거라는 내용이 대부분이었고, 주변 지인도 대부분 그 후보를 지지했으니 당선이 확실하다고 믿었답니다. 그런데 결과가 다르니 너무나 허무하고 화가 난다는 거죠. 차라리 처음부터 마음을 비웠으면 이 정도로 낙담하진 않았을 텐데, 상실감이 꽤나 컸을 겁니다.

마케팅에서 자주 나오는 심리학 용어 중에 '확증편향'이 있습니다. 한마디로 사람은 보고 싶은 것만 보고, 듣고 싶은 것만 듣는다는 겁니다. 맞다고 생각하는 사실이 있으면 그 사실을 강화하는 내용을 집중적으로 찾아 생각을 더욱 굳히죠. 그 사실과 다른 내용은 무시하거나 거부합니다.

인간의 달 착륙이 조작됐다고 믿는 사람들이 그런 경우입니다. 이른바 '달 착륙 음모론'을 믿는 이들은 달 착륙이 진실이라는 증거나 이야기를 거부하거나 믿지 않습니다. 달 착륙 여부가 진실인지를 떠나, 그들은 달 착륙 음모론에 관한 주장을 열심히 찾아 자신의 믿음과 논리를 강화합니다. 실제로 인터넷에서 '달 착륙 음모론'이나 '아폴로 계획 음모론'이라고 검색해보세요. 그들의 주장이 생각보다 그럴듯해 놀랄 정도입니다.

특이하게도 확증편향은 교육 수준이나 사회적 지위, 교양의 정도와 큰 관련이 없습니다. 오히려 교육 수준이 높은 사람에게 확증편향이 강하게 나타난다고도 합니다. '내가 이렇게 많이 배웠는데! 내 생각과 판단은 틀리지 않을 거야'라고 생각하는 경우가 많기 때문이죠.

드루 에릭 휘트먼의 《심리학으로 팔아라》를 보면, 사람에게는 잘못된 정보에 기초한 신념이라도 마치 생존 본능처럼 그 신념을 지키는 데 최선을 다하는 성향이 있다고 합니다. 이렇듯 그 옳고 그름에 상관없이 각자의 신념은 의사결정이나 행동에 큰 영향을 미칩니다.

인스타그램 같은 '개인 맞춤형' 소셜 미디어가 등장함에 따라 확증편향은 더 심해질 수밖에 없습니다. 개인 맞춤형이라는 말은 사람마다 보는 정보가 다르다는 뜻입니다. 매스미디어 시절에는 각 매체에서 모두가 거의 같은 정보를 얻었습니다. 매체 성향에 따라 접근은 다소 달라지겠지만, 하나의 이름 아래 내보내는 정보는 거의 동일합니다.

하지만 인스타그램이나 페이스북 같은 개인 맞춤형 소셜 미디어에서는 자신의 성향에 따라 각기 다른 정보를 받아볼 수 있습니다. 소셜 미디어의 수익 대부분은 광고에서 나오는데, 사용자의 체류 시간이 길수록 광고 단가는 올라가죠. 이를 위해 소셜 미디어는 '맞춤형' 서비스로 확증편향을 최대한 이용합니다. 즉, 사용자가 자신과 비슷한 사람끼리 더 많이, 더 오래 있도록 만든다는 겁니다. 정치적으로 진보 성향이라면 진보 성향의 정보를 더 많이, 보수 성향의 사람에겐 보수 성향의 정보를 더 많이, 저처럼 자전거에 관심이 많은 사람에겐 다양한 자전거 정보를 더 많이 보여주는 식입니다. 심지어 구글은 검색 결과나 배너 광고까지 유저 성향에 맞춰 제공합니다.

확증편향은 대개 부정적 의미로 쓰이지만, 한편으로는 '내 편'을 만들기 유용한 심리기제이기도 합니다. 특히 확증편향이 강력하게 작용하는 인스타그램은 브랜드 팬덤을 만들기 가장 좋은 도구입니다. 예를 들어 내가 어떤 브랜드에 대해 좋은 인상을 받아 해당 계정을 팔로우하고, '좋아요'를 누르고, 꾸준히 댓글을 달아주면 인스타그램은 그 브랜드 관련 정보를 최우선으로 보여주기 시작합니다. 내가 좋아하는 브랜드 콘텐츠가 매일매일 상단에 꾸준히 뜨니 브랜드에 대한 호감도도 꾸준히 높아지겠죠.

물론 확증편향이 만능은 아닙니다. 제품과 서비스의 질이 먼저입니다. 조잡한 제품을 확증편향을 통해 판매하는 건 효과적이지 않고, 옳은 행동도 아닙니다. 제가 마케팅이나 브랜딩에 대해 이야기하면서 이른바 '선한 의지'를 강조하는 이유이기도 합니다.

2부에 소개할 슈가비 님이 '선한 의지'의 좋은 예입니다. 슈가비 님은 팔로어 7만 명이 넘는 인플루언서입니다. 팔로어가 많다 보니 사진 하나만 올려도 수많은 댓글이 달리겠죠. 그런데 슈가비 님은 지금도 대부분의 댓글에 대댓글을 달아준다고 합니다. 이분보다 팔로어가 훨씬 적은 제게도 일일이 대댓글을 다는 건 팬덤 확산에 큰 도움이 되지도 않을 텐데 말이죠.

왜 우리는 인스타그램에서 인플루언서를 팔로우하고 댓글을 달까요? 인플루언서가 가진 정보가 필요하니 팔로우하고, 정보에 대한 감사를 표시하기 위해 댓글을 달지만 가장 근본적인 이유는 그 인플루언서를 좋아하기 때문입니다. 그런데 내가 남긴 댓글에 인플루언서가 대댓글을 달아준다면, 그에게 나의 존재가 인정받는다는 뜻이니 호감은 더 높아질 수밖에 없습니다. 긍정적 확증편향이 시작되는 겁니다.

반대의 경우도 있습니다. 평소 좋아하지 않는 누군가가 나를 팔로우하고 매번 답글을 달아준다면 어떨까요? 물론 감정이 좋게 바뀔 수도 있지만, 그 확률이 높지는 않습니다. 고맙기야 한데 기존의 감정이 바뀌기는 쉽지 않죠. 바뀐다 해도 적지 않은 시간과 노력이 필요할 겁니다.

이를 마케팅 관점으로 보겠습니다. 우리 브랜드를 싫어하는 사람(우리 브랜드에 부정적 확증편향을 가진 사람)의 태도를 바꾸기는 매우 힘듭니다. 차라리 우리 브랜드를 좋아하는 사람(우리 브랜드에 긍정적 확증편향을 가진 사람)의 충성도를 높이는 것이 더 효과적이죠.

슈가비 님을 따르는 '찐팬'이나 슈가비 님이 추천하는 제품을 구매하는 팔로어가 많은 이유가 이 확증편향에 있습니다. 언뜻 보면 사소해 보이는 대댓글을 통해 팔로어에게 긍정적 확증편향을 주면서 자신의 충성도를 높인 것이죠. 팔로어 수가 비슷한 인플루언서가 똑같은 제품을 판매해도 결과가 천양지차인 이유입니다.

불의는 참아도 불이익은 못 참아
인스타그램 '스토리'와 '노트' 속 손실회피성향

"수술 후 한 달 내 생존 확률 90%"

"수술 후 한 달 내 사망 확률 10%"

오타케 후미오의 《쉽게 따라하는 행동경제학》에 나온 문장입니다. 자세히 읽어보면 두 문장의 내용은 똑같습니다. 다만 강조하는 부분이 다를 뿐이죠.

실제 환자들에게 첫 번째 문장으로 수술을 권유하니 80%가 수술을 받겠다고 했습니다. 그런데 두 번째 문장을 들은 환자들은 50%만이 수술에 동의했습니다. 사람은 무언가를 얻어 만족감을 느끼는 것보다, 잃어서 생길 박탈감에 최소한 두 배 이상 민감하다는 증거입니다. 이렇듯 사람의 의사결정 과정에는 '손해 보기 싫은 마음'이 논리적 판단보다 더 강하게 나타납니다. 심리학에서는 이를 '손실회피성향'이라 말합니다.

부산의 한 스타트업 컨설팅을 한 적이 있습니다. 컨설팅 후 매출을 높일 수 있는 몇 가지 제안을 드렸는데 한 번만 진행하는 컨설팅이라 계속 피드백을 주고받지는 못했습니다. 우연히 몇 달 뒤 그곳 대표를 만나서 물어봤습니다. 그때 제안한 내용을 해보셨냐고. 아직 고민 중이라는 대답이 돌아왔습니다. 저는 왜 그분이 제안을 두고 계속 망설였는지 알고 있습니다. '50만 원을 투자해 100만 원의 순수익을 높일 수 있는 전략'이 있다면, '100만 원을 얻는 만족감'보다 '50만 원을 잃을 수 있다는 손실'이 더 민감하게 다가오기 때문입니다.

성인 대상 영어학원인 와이씨컬리지YC College 운영 초기에 손실회피성향을 마케팅에 활용한 적이 있습니다. 상세 페이지나 리뷰를 보고 구매를 결정하는 여타 제품과 달리, 학원 강의는 직접 방문해서 상담을 받은 다음 등록하는 경우가 대부분입니다. 물론 상담하러 온 분에겐 커리큘럼을 설명하면서 '우리 학원을 다니면 영어가 반드시 늘 거'라고 이야기합니다. 영어를 잘함으로써 얻는 만족감에 대해서도 적절히 풀어서 말이죠. 여기까지는 모든 학원의 상담과 다를 바 없습니다. 어느 학원이든 자기네 강의나 관리가 좋다고 이야기하니까요. 하지만 상담이 끝날 때쯤 덧붙이는 말이 있습니다.

"지금 바로 등록하지 않으셔도 괜찮습니다. 그런데 저희 학원은 강의 마감이 빨리 되는 편이라, 지금 등록하지 않으시면 한 달이나 그 이상 기다리실 수 있습니다."

예상했던 대로 상담 후 바로 등록하는 경우가 늘었습니다. "한 달이나 그 이상 기다리실 수 있습니다"라는 말에 민감하게 반응했기 때문입니다.

이른바 '한정판' 제품이나 '매진 임박'이라는 용어가 마케팅에서 효과를 보는 이유가 여기 있습니다. 지금 구매하지 않으면 다시는 이 혜택을 얻기 어렵다고 말하기 때문입니다. 물론 이 방법이 성공하기 위해선 제품 자체가 좋아야 하겠지요.

인스타그램 역시 손실회피성향을 일으키기 위해 끊임없이 알고리즘을 바꾸고, 새로운 기능을 추가합니다. 그러한 기능 중에 '스토리'와 '노트'가 있습니다. 두 기능 모두 업로드 후 24시간 동안만 볼 수 있습니다. '다들 볼 텐데 나만 못 볼 순 없지'라는 심리를 정확히 건드립니다. 그렇게 우리는 인스타그램에 더 자주 접속하고 더 많은 시간을 보내게 됩니다. 자연히 기업들도 인스타그램 스토리와 노트에 주목하고 적극적으로 활용하기 시작합니다.

인스타그램 스토리를 가장 잘 이용하는 기업이 바로 인테리어 플랫폼 '오늘의집'입니다. 이들은 스토리를 통해 온라인 카탈로그를 올릴 때 팔로어들이 올린 포스팅도 같이 사용하며 선착순 할인 쿠폰 배포, 인테리어 지원금 등의 각종 이벤트 공지에도 스토리를 활용합니다. 필요한 정보를 24시간 안에 보지 못하면 사라진다는 인식을 계속 주니, 팔로어들은 그만큼 오늘의집 인스타그램에 오래 머무릅니다. 참고로 오늘의집 계정은 팔로어가 130만 명이 넘습니다.

이렇듯 손실회피성향을 정확히 노린 인스타그램 이벤트나 마케팅은 더욱 늘어날 것으로 보입니다.

왜 '팔로어'를 구매할까?
인스타그램 속 밴드왜건 효과

제주도로 가족 여행을 간 적이 있습니다. 저는 책 쓰기, 와이프와 두 딸은 여행이 목적이었습니다. 하지만 제겐 비밀 계획이 따로 있었습니다. 자전거로 제주도 해변 달리기였습니다.

생각이야 여행 전부터 했지만, 언제나 그렇듯 제주도에 도착한 다음에야 계획을 실행했습니다. 숙소에 도착한 다음, 네이버를 켜고 자전거를 대여해주는 곳을 찾기 시작했습니다. '제주도 자전거 대여', '제주도 자전거 빌리는 곳' 등으로 검색어를 바꿔가며 자전거 빌릴 만한 곳을 계속 찾았습니다. 그런데 유독 한 곳의 후기가 계속 검색 결과에 걸리는 겁니다. 그곳 후기와 리뷰가 매우 많았던 거죠. 자연스럽게 저는 그곳에서 자전거를 빌렸습니다. 많은 사람이 선택했으니 괜찮을 거라 생각한 겁니다. 그렇게 원 없이 제주도에서 자전거를 탔습니다. 제주도에서 책을 쓰겠다는 원대한 목표는 그렇게 사라졌습니다. 제가 제주도에 책 쓰러 간다고 알고 있었던 북스톤 대표님께 이 글을 통해 사과드립니다.

다시 본론으로 돌아와서, 저의 경험처럼 '많은 사람이 쓰는 데는 이유가 있겠지', '괜찮으니까 후기가 많겠지'라는 생각은 우리 모두가 자주 합니다. 이처럼 사람에겐 대세에 쏠리는 성향이 있습니다. 이를 밴드왜건 효과band wagon effect라고 하죠.

인간은 창조의 동물이라 하는데, 모방의 동물이기도 합니다. 영화를 볼 때 '박스오피스 1위' 영화를 염두에 두는 이유가 있었던 셈이죠. 저 또한 음식점을 고를 때 인스타그램에서 가게 이름을 검색한 다음, 게시물이 몇 개인지 확인합니다. 당연히 게시물이 많을수록 더 괜찮은 음식점이라고 생각합니다. 꼭 그런 게 아니란 걸 알면서도 그렇게 결정합니다. "알면서도 당하게 하는 전략이 가장 무섭다"는 격언이 생각납니다.

상황이 이렇다 보니 이른바 '작업' 리뷰로 시끄러워지는 경우가 생깁니다. 리뷰가 많으니까, 팔로어 많은 계정에서 좋다니까 검증된 제품일 거라 믿는 심리를 노린 것입니다. 심지어 인스타그램을 막 시작한 가게나 기업에서 팔로어를 '구매'하는 경우도 있습니다. 지금도 인터넷에서 '팔로어 구입'이라 쳐보면 수많은 업체가 '몇 명당 얼마'라는 식으로 유혹합니다. 당연히 이러한 방법은 효과도 없고, 있다 해도 바로 한계가 드러납니다.

《심리학으로 팔아라》에서는 밴드왜건 효과를 이렇게 설명합니다. 사람이 대세에 따르는 게 이른바 '생존기제'라는 겁니다. 사람의 결정 과정을 추적해보니 그 대부분이 '내가 살아남을 수 있을까?'라는 고민에서 나온 결과라고 합니다. 목숨을 위협하는 존재가 많았던 진화 초기, 사람은 이동할 때 많은 사람이 다녔던 길을 선호했다고 합니다. 많은 사람들이 다녔으니 안전한 곳이라 확신한 거죠. 많은 사람이 선택한 답이라면 일단 마음 놓고 따르며, 의사결정을 할 때 무의식적으로나 의식적으로나 남들에게 의견이나 단서를 구하려는 이유가 여기 있습니다.

이를 증명하는 유명한 심리 실험이 있습니다. 참가자 한 명을 제외한 나머지는 특정 답변을 대답하라고 사전에 전달받습니다. 그런 다음 아주 객관적 판단이 가능한, 쉬운 질문을 냅니다. 여기서는 어린이용 의자와 성인용 의자를 두고 어떤 의자가 더 큰지 답하라고 하죠. 그런데 한 명을 제외한 나머지는 어린이용 의자가 크다고 대답합니다. 그리고 같은 질문을 반복합니다. 처음에야 참가자는 성인용 의자가 크다고 '정답'을 말하지만, 나중엔 결국 나머지 대답에 따라 오답을 말했다고 합니다. 사람이 다수의 의견에서 자유로울 수 없다는 증거입니다.

제가 호주에 살 때, 패딩턴에 있는 아트호텔Arts Hotel 펍에서 일한 적이 있습니다. 어느 날 출근했는데 바에서 일하는 동료가 팁을 담는 통에 몇 개의 동전과 지폐를 넣어두는 모습을 본 적이 있습니다. 심지어 자기 주머니에서 꺼내서 말이죠. 이유를 물어봤더니 이렇게 미리 돈을 넣어둬야 팁이 더 많이 나오더랍니다. 사람이 타인의 행동에 영향을 받는다는 사실을 경험으로 체득한 셈이죠(참고로 이 펍은 해산물 요리가 가격 대비 최고입니다. 지금도 매주 금요일에 '시푸드 데이'를 하는지 모르겠지만, 시드니 가시면 한번 방문해보시길).

인스타그램 피드와 정물화의 공통점
'두 번 자랑'의 심리학

제가 사는 곳은 부산 대연동입니다. 차가 안 막히면 해운대까지 20분이면 갈 수 있습니다. 이렇게 관광지와 가까운 곳에 사는 우리 식구는 기회가 되면 멀리 휴가를 즐길 것처럼 집을 떠나 '동네' 해운대 호텔로 호캉스를 떠납니다. 멀쩡한 집 놔두고 왜 동네 호텔에서 며칠씩 먹고 자는지 이해하지 못할 분들도 있을 겁니다.

"집이라는 공간은 끊임없이 무언가를 해야 하는 장소라고요. 누워 있는데 널려 있는 빨래가 보이면 개야 할 것 같고, 점심 시간이 다가오면 어서 식사를 차려야 할 것 같고, 아이들이 놀면 숙제는 끝냈는지 걱정되고, 안 했으면 시켜야 할 것 같은 생각들이 몰려와요. 결국 집에선 편하게 쉬기 어렵다고요."

호캉스에 대한 제 지인의 해석 겸 변명입니다.

집에서 고작 20분 거리이긴 해도, 막상 호텔에 가면 우리 가족은 실제로 편해집니다. 집안일 떠올릴 필요 없이 푹 쉴 생각만 하면 되니까요. 그런데 사실, 호캉스를 가는 이유가 하나 더 있습니다.

한 유튜브를 보다가 꽤나 흥미로운 이야기를 들었습니다. 인스타그램 같은 소셜 미디어를 통해 사람은 하나의 물건을 두 번 가지는 경험을 한다는 말이었습니다. 소셜 미디어 등장 이전에도 비슷한 경험이 가능했는데, 정물화가 그 역할을 했다고 합니다. 즉, 예쁜 화분을 그림에 담아 화분을 하나 더 가질 수 있었다는 뜻이죠. 시간이 흘러 정물화가 인스타그램 피드로 바뀐 셈입니다. 대신 과정은 훨씬 간편해졌죠. 찍으면 되니까요.

볼프강 슈미트와 올레 니모엔이 쓴 《인플루언서》에서도 '두 번 자랑'에 대한 언급이 있습니다. 영국의 한 보험사가 33세 이하 여행객들을 대상으로 "여행지 선택에서 중요한 기준이 무엇이냐"고 물어봤습니다. 응답자의 40%는 "소셜 미디어에 올려도 될 만큼 멋진 사진이 나오는지"라고 답했습니다.

호캉스의 목적은 휴양입니다. 그런데 인스타그램이 호캉스의 또 다른 목적이 됐습니다. 좋은 호텔을 가본 기쁨 한 번에, 인스타그램에 올리면 '좋아요'를 받는 기쁨이 추가되기 때문이죠. 사실 호캉스 비용이 만만치는 않습니다. 오래 묵지 않는다 해도, 운 좋게 할인받는다 해도 말이죠. 인스타그램에 사진을 올리면 기쁨이 두 배로 늘어나고 체감상 비용은 반으로 줄어들기에 호캉스를 더 많이 가는지도 모르겠습니다.

팔로우를 부르는
12가지 '자랑' 공식

이쯤 되면, 대체 이 책을 쓴 사람은 하루에 인스타그램을 얼마나 할지 궁금하실 겁니다. 스마트폰 앱에서 '내 활동'을 눌러 '이용 시간'을 누르면 얼마나 인스타그램으로 시간을 보내는지 친절히 알려줍니다. 참고로 저는 평균 매일 한 시간이 조금 넘습니다.

이렇게 인스타그램 이용 시간을 확인해보고 놀란 사람이 주위에 많았습니다. 하루에 2시간 이상 인스타그램을 하는 사람도 꽤나 있었습니다. 24시간 중에 자는 시간이 8시간, 업무 시간이 8시간이라 치면 온전한 자유 시간은 8시간 정도죠. 그 8시간 중에 25%를 인스타그램 하는 데 보낸다는 뜻이니, 결코 적은 시간이 아닙니다.

이렇게 사람들이 많은 시간을 보내는 인스타그램 안에서는 모두가 행복하고, 비싼 음식을 먹으며, 아름다운 장소만 골라 갑니다. 물론 가장 행복하고 자랑하고 싶은 순간만 찍어 올린다는 진실은 모두가 잘 알고 있습니다. 삶에 찌든 모습, 추레한 평상복으로 슈퍼마켓에 가는 모습을 인스타그램에 올리진 않습니다. 차라리 사진을 안 올리고 말죠. 그러다 보니 누군가의 인스타그램 활동이 뜸해지면 자연스레 '요새 힘들구나' 혹은 '인고의 시간을 보내는구나' 생각하기 마련입니다.

인간의 '자랑' 본능은 지극히 자연스럽고 당연한 현상입니다. 정도나 횟수 차이가 있을 뿐, 모두가 남에게 멋진 모습을 보여주고 싶어 하죠. 이렇듯 자랑만이 가득한 인스타그램의 모습은 인스타그램의 알고리즘이나 의도만으로 만들어진 게 아닙니다. 인간의 본성이 자연스럽게 드러났을 뿐입니다. 저 역시 인스타그램을 하면서 있는 척, 아는 척에서 자유롭지 않습니다.

"인스타그램의 목표는 애초부터 '허세 떨기'나 '자랑하기'였다."

《인플루언서》에서 인스타그램에 대해 정확히 꼬집은 한마디입니다. 인스타그램은 자랑하기에 가장 최적화된 소셜 미디어입니다. 물론 좋은 사진을 올리는 데 노력이 필요하지만, 유튜브 영상이나 블로그의 글에 들어가는 노력에 비할 바는 아닙니다. 자랑하고 싶은 장면을 담은 사진 한 장과 감탄사 한마디, 얼마나 비싼 장소인지 알려주는 해시태그만 있으면 끝입니다. 가장 쉬우면서도 노골적으로 멋짐을 자랑할 수 있는 곳이 인스타그램입니다.

다음은 사람들이 가장 많이 올리는 인스타그램 콘텐츠 주제 12가지입니다. 언젠가 회사의 마케팅팀 동료들과 함께 인스타그램 콘텐츠를 주제별로 정리한 결과물입니다. 자신의 제품이나 서비스가 인스타그램에서 '자랑'으로 올라오길 바라는 분들에게 도움이 됐으면 합니다.

1. 예쁘거나 귀여운 물건, 장소

　　음식점과 음식, 여행지, 집 인테리어, 물건, 셀카 속 풍경 등

2. 자신이 가장 먼저 찾았거나, 알리고 싶은 정보

　　핫플, 신제품 정보, 결혼 소식 등

　　* 사람은 이야기와 정보를 주변 사람과 공유하고 싶어 한다.

3. 재미있는 정보

유행하는 유머나 짤방, 재미있는 영화나 드라마 이야기

4. 자기계발의 증거

운동, 미라클 모닝, 공부, 독서, 역량 다짐(목표 공유) 등

* 사람들은 자신의 똑똑함을 강조하고 싶어 한다.

5. 사회적 메시지 및 참여 내용

플로깅(조깅하며 쓰레기 줍기), 봉사활동, 기부 챌린지 등

6. 특별한 아이템 자랑

한정판, 명품, 대란템, 연인에게 받은 선물 등

7. 관계 및 인맥 자랑

육아, 유명인과의 사진, 반려 동식물, #럽스타그램

8. 개성 강조

미술관, 와인, 위스키, 바디프로필, 타투, 제품 판매글, 합격 소식, 강의

한 내용, 취미 결과물 등

* 사람은 자신의 레벨, 능력, 차별점을 강조하고 싶어 한다.

9. 금전적 보상 인증

협찬, 할인권, 경품 인증글 등

10. 기념의 순간

친구와의 생일 파티, 가족과 함께 간 여행지 등

11. 사적 이야기

슬픈 이야기, 실연, 힘든 순간, 개인적 추억 이야기, 내면적 다짐 등

12. 요청에 의한 게시

지인 및 가게의 요청으로 인한 글 등

당신의 팔로어는
당신을 믿습니까?

제가 매주 일요일 아침에 하는 일이 있습니다. 두 딸을 교회에 데려다주는 것이죠. 와이프 뜻으로 시작한 건데 다행히 아이들도 좋아합니다. 하지만 어렸을 때 저는 일요일마다 교회 가는 게 그리 즐겁지 않았습니다. 월요일부터 토요일까지 학교에서 친구를 만나고 교회에서까지 만나다 보니 그랬는지도 모르겠습니다. 교회가 아니더라도 성당이나 절에 가는 친구도 꽤나 있었던 것 같습니다. 그런데 요즘엔 종교를 가진 사람 보기가 예전만큼 쉽지 않습니다.

그럼에도 아직 종교가 존재하는 이유가 있을 겁니다. 사후 세계의 존재를 믿어서 죽음 후 삶을 보장받고 싶은 마음일 수도 있고, 알 수 없는 미래에 대한 불안함을 신에게 의지해 지우고 싶어서일 수도 있습니다. 종교 인구가 줄었다 해서 미래에 대한 불안함이나 누군가에게 의존하고 싶은 마음이 사라진 것은 아닙니다. 단지 다른 존재가 종교의 역할을 나눠 맡은 것이겠지요.

누군가에게 의존하고 싶은 사람의 마음을 마케팅에서 놓칠 리 없습니다. 업종 불문 브랜드의 꿈이란 신제품이 나올 때마다 소비자가 '묻지도 않고 따지지도 않고' 사주는 겁니다. 이른바 '고객 충성도'가 높은 브랜드를 꿈꾸죠. 샤넬, 할리데이비슨, 나이키, 애플이 그렇습니다. 언론에서 '요가복의 샤넬', '커피업계의 애플' 같은 문구를 즐겨 쓰는데, 이것만 봐도 샤넬과 애플이 특정 카테고리에서 기준점이 됐다는 것을 알 수 있습니다. 이들 브랜드의 고객 충성도는 마니아 수준을 넘어섭니다. 이처럼 광신도 수준의 소비자가 존재하는 브랜드를 말 그대로 '컬트 브랜드'라 부릅니다.

사실 컬트 브랜드와 종교는 그 체계가 크게 다르지 않습니다. 자신들만의 고유한 문화를 우직하게 유지하고, 그에 걸맞은 스토리텔링을 반복 전달해 신도나 소비자의 머릿속에 자리 잡게 합니다. 또한 소비자로 하여금 선택에 자신감과 우월감을 느끼도록 하는 면이 놀랍도록 닮았습니다.

인플루언서 역시 종교나 컬트 브랜드 체계를 따릅니다. 소셜 미디어의 발달은 집단보다 개인의 목소리를 더욱 키웠고, 사람마다 개성과 소구점이 다양하게 드러납니다. 종교적 움직임 역시 더욱 다양해집니다. 리추얼이란 이름으로 삼삼오오 새벽 4시 30분에 일어나 글을 쓰거나 강의를 듣고, 자기계발의 보람이나 삶의 아픔에 공감하며 나름의 커뮤니티를 일구는 모습은 종교와 매우 흡사합니다.

앞으로 미래에 대한 두려움, 누군가에게 의존하고 싶은 사람의 심리는 더욱 강해질 겁니다. 종교가 없어지지 않을 이유죠. 종교를 대신할 또 다른 존재도 계속 나타날 겁니다.

저는 여기서 인플루언서의 역할 역시 더욱 커지지 않을까 조심스레 예측해봅니다. 훌륭한 종교인들의 가르침으로 종교가 발전했고, 좋은 브랜드가 삶을 윤택하게 바꾸었듯이 인플루언서 역시 선한 영향력을 행사하고자 한다면 그 역할과 중요성은 더욱 커질 것입니다.

⋮

최고의 메시지는
메신저입니다

"제 딸들이 커서 마케터가 됐으면 좋겠습니다. 많은 의사가 본인 자녀도 의사가 되길 바라고, 변호사가 본인 자녀도 변호사가 되길 바라고, 회계사가 본인 자녀도 회계사가 되길 바라는 것처럼요. 저는 제가 하는 일이 매우 좋고, 즐겁습니다."

마케팅 강의에서 사람의 이목을 집중시킬 때 쓰는 저만의 '킥'입니다.

카민 갤로의 《어떻게 말할 것인가》에서 말하길, 청중을 집중시키는 가장 좋은 방법은 발표자의 열정을 보여주는 것이라고 합니다. 저의 '킥'도 열정을 잘 표현할 수 있는 말을 찾다가 나온 거죠. 제 와이프가 둘째에게 커서 뭐가 되고 싶냐 물어봤는데 마케터라고 대답한 영상도 있습니다. 다만 이 시기의 장래희망은 하루에 열두 번씩 바뀌는 터라 이 책을 쓰는 지금은 뭐가 되고 싶다고 말할지 궁금합니다.

가족과 사랑도 저에 대해 어필할 수 있는 좋은 주제입니다. 사람은 가족 안에서 탄생하며, 좋아하는 사람을 만나 사랑을 하기 때문이죠. 수많은 영화가 지치지도 않고 가족이나 사랑을 다루는 이유입니다. 반면 군대에서 공 찬 이야기, 천체물리학의 심오한 원리나 뇌과학자가 겪는 어려움 등은 분위기를 효과석으로 가라앉히는 최고의 소재입니다. 참고로 제 지인 중에 천체물리학자가 있는데 무척 재치 있는 사람입니다. 제 경우엔 그와 우주에 관해 이야기를 나누는 것이 재미있지만, 우주에 대해 큰 관심 없는 대부분의 사람이라면 집에 가고 싶다는 생각만이 머릿속을 맴돌 것이라 확신합니다.

영어 학원을 운영하는 와이프에게 제가 마케팅이나 브랜딩 이야기를 하지 않는 이유도 같습니다. 학원 운영에 도움이 되겠다 싶어서 말을 할라치면 와이프는 칼같이 대화를 자르거나 주제를 돌립니다. 식사 땐 조용히 밥 먹는 데 집중하자고 말하는 식이죠.

단점을 드러내는 것도 좋은 방법입니다. 타인에게 자신의 단점을 드러내는 게 쉬운 일은 아니나 그만큼 인간적 호감을 불러일으킨다고 합니다. 그 예로 미국의 한 스타트업은 '우리 회사에 투자해서는 안 되는 이유 10가지'를 만들어 투자사와 미팅을 했다고 합니다. 대부분의 회사라면 투자사 앞에서 자신들의 장점만 열거하기 마련인데 말이죠. 물론 그 10가지 이유가 진짜 단점은 아니었겠지만, 그만큼 집중과 인간적 호감을 불러일으켰다고 합니다. 투자도 성공적으로 유치했다고 하네요.

"메시지를 공격할 수 없으면 메신저를 공격하라."

대표적인 논리 오류이지만, 상대 주장을 공격하는 가장 고전적이고 효과적인 방법 중 하나죠. 특히 정치 쪽에서 많이 쓰입니다.

가령 어떤 정치인이 주장합니다.

"환경을 보호합시다. 플라스틱 용기도 줄이고, 탄소도 줄이고, 깨끗한 바다를 만듭시다."

누구도 공격하기 어려운 지당한 메시지입니다. 이를 공격한다고 "플라스틱 용기를 더 많이 쓰고, 탄소를 더 많이 배출합시다"라고 말할 수는 없죠. 이럴 때 메신저를 공격합니다. 저 정치인이 예전에 거짓말했던 예를 조사해 사람 자체를 공격하는 거죠. 그러면 대부분의 사람은 이렇게 생각합니다.

'환경보호야 중요하지만, 다른 꿍꿍이가 있는 거 아냐?'

'플라스틱 재활용 업체에서 돈 받았나?'

'좋은 말 해봤자 거짓말쟁이는 싫어!'

메신저 공격은 마케팅에서도 효과가 있습니다. 여기서 메시지는 제품이고 메신저는 회사가 되겠죠. 언론에서 오뚜기가 '착한 기업'으로 보도되면서 진라면의 시장 점유율이 올라간 것이 좋은 예가 됩니다. 메신저인 오뚜기 이미지가 좋아지니 메시지인 진라면도 이미지와 판매량이 올라갔죠. 반대로 사회적 물의를 일으킨 회사가 만드는 제품은 아무리 가격이 저렴하고 품질이 좋아도 시장에서 외면받습니다. 특히 착한 소비, 윤리적 소비가 화두인 요즘에는 이러한 경향이 더합니다.

인스타그램에서는 어떨까요? 메신저는 인플루언서가 되겠고, 메시지는 협찬 제품이 될 것입니다. 계속 말하지만 소비자들의 눈은 더욱 높아지고 매서워졌습니다. 인스타그램을 통해 많은 이들이 협찬 제품을 홍보하고 공동구매로 수익을 내는 것을 누구나 알기 때문입니다. 개중에는 수준 이하의 제품을 팔고 나 몰라라 하는 가짜 인플루언서도 많아졌고요.

이럴수록 인플루언서들에게는 '나다움'에 대한 고민이 더욱 중요해졌습니다. 제품 협찬을 해주는 기업도 이제는 인플루언서의 팔로어 수, 사진의 품질만 보는 게 아니라 그동안의 활동이나 개인적 됨됨이도 협찬 결정에 중요한 요소로 보기 시작했습니다.

인플루언서에겐 또 다른 숙제겠지만, 오히려 인스타그램이라 답이 빠르게 나오기도 합니다. 자신이 어떤 사람인지 보여주는 데 인스타그램이 최적화된 플랫폼이기 때문이죠.

큰 수익을 창출하는 '유명' 인플루언서들의 계정을 보면 흥미로운 점이 보입니다. 꼭 제품(메시지)만 홍보하지는 않는다는 겁니다. 자신이 어떤 사람인지 알리려 노력합니다. 예를 들어 자신이 파는 제품과 관련이 없어도 나름 유익한 지식을 알려준다든가, 인플루언서가 아닌 개인의 일상을 솔직히 공유하기도 합니다. 자신에게 숨길 것이 없다고 믿게 하기 위함입니다. 그렇게 자신의 삶을 자연스럽게 공유함으로써 호감도도 높입니다. 그렇게 생긴 호감도는 고스란히 제품 판매에 긍정적인 영향을 미치게 됩니다. 사진이 주가 되는 인스타그램이라면 더욱 이러한 방식이 효과적입니다. 열 줄의 글보다 한 장의 사진이 더욱 강렬하게 다가오니까요.

마케팅 강의를 다니면서 '선생님' 소리 듣는 마흔다섯의 제가 정제되지 않은 일상의 모습을 일부러 인스타그램에 올리는 이유이기도 합니다(어떤 모습인지는 다음 장에서 말씀드리겠습니다).

인플루언서는 갬성이 아닌 '감성'을 이끌어냅니다

"감성과 이성의 근본적 차이점은, 이성은 결론을 낳지만 감성은 행동을 낳는다는 점이다."

캐나다의 신경학자 도널드 칸의 말입니다. 사람의 행동은 이성이 아닌 감성이 이끈다는 뜻입니다.

기부 및 구호단체는 광고에서 "당신이 월 수익에서 몇 퍼센트를 기부하면, 가계의 큰 부담 없이 불쌍한 이들 몇 명이 매월 얼마의 도움을 받을 수 있습니다"라고 건조하게 말하지 않습니다. 잔잔한 배경음악을 깔고, 도움이 필요한 이들의 힘든 모습을 보여주면서 하나의 스토리를 만들어 광고합니다. 행동은 감성이 이끌고, 그 감성을 자극하는 데 가장 좋은 것이 스토리임을 잘 알기 때문입니다.

저는 와이씨컬리지 소속이지만 마케팅이나 브랜딩 관련 강의가 본업에 가깝습니다. 제게 강의를 의뢰하려는 분이라면 먼저 네이버에서 제 이름을 검색해보실 겁니다. 제 브런치나 인스타그램을 보시는 분들도 많죠. 그래서인지 강의장에 가면 "인스타그램 재미있게 잘 보고 있어요" 혹은 "인스타그램 재밌게 봤어요"라는 말을 자주 듣곤 합니다.

제 인스타그램은 《브랜드 애드머레이션》이란 책에서 이야기한 내용을 기반으로 포스팅하는 것이 특징입니다. 세 가지 방향을 바탕으로 그에 관련된 내용만 올리는 것인데 바로 전문성, 정감성, 공감성입니다. 전문성은 신뢰를 얻기 위함이고, 정감성에서는 재미와 사랑을, 공감성에서는 존중을 이끌어내기 위함입니다. 이렇게 나름 거창한 방향을 가지고 인스타그램을 하는 이유가 있습니다. 타인에게 보이고 싶은 제 모습이 있기 때문이죠. 그에 대해 말해보겠습니다.

먼저, 전문성입니다. 인스타그램의 전문성을 위해서 저는 일주일에 한 번 이상 읽는 책과 강의했던 내용을 올립니다. '저렇게 매주 책을 한 권 이상씩 읽으니 아는 게 많아서 강의는 잘하겠지'나 '여기저기 많이 강의 다니는 건 이유가 있겠네'라고 생각하게 만드는 거죠. 아무리 사진을 아름답게 찍어 올린다고, 멘션이 재미있다고, 노래를 잘한다고 한들 강의를 잘한다는 인상을 주지 못하면 강의 제의가 들어오지 않겠죠 (참고로 전 노래를 엄청 못 부릅니다).

다음은 정감성입니다. 제가 배우 이병헌이나 정우성 정도의 얼굴이었다면 별말 없이 셀카만 올려도 됩니다. 하지만 그렇지 못하니 사람들의 호감을 이끌어내기 위해 저는 재미있는 상황을 연출합니다. 바닷가에서 낮술 하기, 지하철 바닥에 앉아서 책 읽기, 길바닥에서 수강생에게 큰절하기 등이죠. 이렇게 저는 재미있는 사람이 됩니다. 강의를 의뢰하러 인스타그램에 온 담당자는 '강의는 꽤 나가는 거 같은데, 사진을 보니 재미있는 사람이라 그런가 보네'라고 생각할 겁니다.

마지막으로 공감성입니다. 저에게 가족은 매우 소중한 존재입니다. 항상 아이들과 많은 시간을 보내려고 노력하는데, 그러다 보니 제 인스타그램에도 아이들과의 일상을 담은 사진이 많습니다. 그러면 제 인스타그램에 온 사람은 '이 사람은 가족을 무척 중시하는구나', '가정적인 아빠네'라고 생각할 겁니다.

이러한 전략으로 자연스레 인스타그램 속 문영호는 마케

팅을 잘 아는데, 재미있고 가정적이기까지 한 사람으로 인식
됩니다. 그렇다고 제가 사람들에게 거짓말하는 건 아닙니다.
단지 강조하고 싶은 모습을 전략적으로 더 자주, 많이 보여주
는 겁니다.

만약에 제가 커리어를 이력서처럼 나열해놓는다면 이성적
사고에만 영향을 미칠 겁니다. 강의 의뢰를 하려는 입장에서
는 '괜찮은' 강사라는 생각까지만 닿을 겁니다. 하지만 인스타
그램에서 저의 정감성과 공감성에 관한 스토리를 본다면 자연
스레 제게 연락하는 행동까지 이어질 겁니다.

이렇듯 인스타그램은 사람의 감성을 자극하기 가장 좋은
도구입니다. 그렇다고 인스타그램이 시쳇말로 '갬성'만 있는 곳
은 아닙니다. 소비자에게 원하는 행동을 '감성'적으로 이끌어
내려면 현실에 대한 이성적 사고와 치밀한 전략이 필요합니다.

그런 점에서 어쩌면 인스타그램은 매우 이성적인 공간일지
도 모릅니다. 그리고 인플루언서란 감성과 이성을 모두 갖춘,
치밀한 전략가들일지도 모릅니다.

2부

더 버는
인플루언서의
10가지 법칙

더 버는 인플루언서에겐
'쓰리 서클'이 있습니다

옛날 농부들은 미꾸라지가 수면을 오르내리면 큰 비가 올 거라 예상했습니다. 어르신들은 무릎이 시리면 비가 올 거라 말씀하셨죠. 반복적인 자연현상으로 깨우친 나름의 법칙입니다. 기업을 연구하는 학자들은 수많은 회사의 조직을 조사해, 조직 분위기가 좋을수록 생산성이 높아진다는 법칙을 찾아냅니다. 우리 모두가 겪어보고 공감한 법칙도 있죠. 공부 시간이 길수록 시험 점수를 높게 받을 확률이 크다는 사실입니다(물론 실행하기는 매우 어렵죠).

이렇듯 세상 대부분의 일엔 법칙이 존재합니다. 법칙이라 해서 100% 통하는 건 아니지만 미래를 예측하는 데는 도움이 됩니다. 우리 주변에 수많은 법칙이 존재하는 이유입니다.

그렇게 저에게도 질문이 생겼습니다.

'인스타그램으로 더 큰 수익을 내거나, 더 많은 팔로어를 가진 인플루언서가 되는 법칙도 있지 않을까?'

이 책은 이 질문에 대한 대답입니다. 1부에서는 인스타그램이 사람들의 행동에 영향을 미칠 수 있는지, 있다면 어떻게 가능한지에 대해 이야기했습니다. 2부에서는 실제 인플루언서를 인터뷰하고 그 안에서 법칙을 찾았습니다. 100% 통할 수는 없지만, 최소한의 기준과 방향은 될 거라 확신합니다. 저는 이 법칙을 '쓰리 서클'이라 부르겠습니다.

그림을 보면 마치 과녁처럼 생겼죠? 중심에서 바깥으로 나오면서 인플루언서가 가져야 할 요건을 하나씩 알려줍니다. 순서대로 볼까요?

- 목적성: 나는 왜 인스타그램을 하는가?
- 전문성: 나의 무엇이 팔로우를 부르는가?
- 특이성: 나의 차별화 포인트는 무엇인가?

쓰리 서클에 대해 설명하기 전에 당부 하나만 드리겠습니다. 인플루언서도 하나의 브랜드라는 사실을 잊지 마세요. 아직도 브랜드라 하면 제품이나 서비스에만 적용할 수 있다고 생각하는 경우가 많습니다. 하지만 한 사람의 개인도 브랜드가 될 수 있습니다. 그리고 점점 더 많은 이들이 각자의 브랜딩에 대해서 공감하고 고민하기 시작했습니다. '퍼스널 브랜딩'이라는 용어가 주목받는 이유입니다. 제가 《팬을 만드는 마케팅》에서 언급했듯이 브랜딩의 목적은 바로 '사람들의 신뢰를 얻어 팬을 만드는 것'입니다. 팬이 있어야 존재 가능한 인플루언서야말로 반드시 브랜딩이 필요합니다.

인플루언서와 인플루언서가 아닌 사람의 차이, 인플루언서 중에서도 더욱 잘되는 인플루언서의 비결은 바로 '스스로를 좋은 브랜드로 만들어 신뢰를 얻는지의 여부'입니다. 효과적 브랜딩으로 더 강력한 팬이 생기면 더 빠른 성장을 기대할 수 있습니다.

그러면 '쓰리 서클'이 무엇인지 하나씩 알아보겠습니다.

목적성: 나는 왜 인스타그램을 하는가?

와이씨컬리지에서는 업무를 시작할 때 먼저 정하는 게 있습니다. 바로 '이 일을 왜 하는가?'죠. 예를 들어 동영상을 편집할 일이 있으면 담당자와 '왜 이 영상을 만드는지'에 대해 명확히 이야기합니다. 그저 "20대 스타일로 예쁘게 만들어주세요"가 아니라 "동영상의 목적은 브랜드 호감을 높이고, 그럼으로써 더 많은 수익을 창출하는 것입니다"로 이야기하죠. 왜 동영상을 만드냐고 물어봤는데 "팀장님이 만들라고 해서요"라는 대답이 나온다면 원하는 목적을 위한 좋은 영상이 나올 수 없겠죠?

인스타그램을 할 때도 '내가 인스타그램을 왜 하는지'를 명확히 해야 합니다. 제가 만나본 인플루언서들 모두 인스타그램을 할 때 명확한 목표가 있었습니다. '한 달에 100만 원 벌기', '나와 같은 분야의 사람들에게 유용한 지식을 더 많이 전달하기' 등과 같죠. 혹시 인스타그램으로 돈을 벌고 싶다는 생각이 부끄러웠나요? 결코 부끄러운 일이 아닙니다. 많은 이들이 가진, 엄연한 목표입니다.

"목적이야 누구나 다 정하는 거 아냐? 하다 보면 어차피 바뀔 거 뭐 하러 정해?"

이렇게 반문할 수도 있습니다. 하지만 처음의 결심은 결과에 영향을 미치는 중요한 요인입니다. 비단 인스타그램에서만 통하는 게 아닙니다. 가야 할 명확한 목적지를 정하는 섯은 삶에서도 가장 중요한 일입니다.

전문성: 나의 무엇이 팔로우를 부르는가?

우리는 왜 콘텐츠를 소비할까요? 수많은 이유가 있지만 크게 보면 세 가지입니다. 바로 재미, 정보, 공감이죠. 인스타그램도 예외는 아닙니다.

먼저, 재미입니다. 말 그대로 재미있어야 합니다. 익살스러운 표정으로 사진을 찍은 개그맨의 인스타그램이라든지, 온갖 재미있는 상황의 사진을 누구보다 빨리 올린다든지 사람에게 웃음을 줄 수 있는 콘텐츠라야 소비됩니다.

정보는 어떨까요? 남보다 빠르게 돈 버는 방법이라든지, 요즘 유행이나 맛집, 핫플 등의 정보는 선호도가 매우 높습니다. 특히 인스타그램에선 지역 맛집, 뷰티 및 다이어트 관련 정보에 주목도가 높은 편이죠. 요사이엔 사업 성장에 유용한 마케팅 콘텐츠 역시 관심을 많이 끕니다.

공감도 중요합니다. 어려운 상황에서 사업을 일으킨 성공 스토리, 실연이나 시험 불합격 등 누구나 한 번은 겪는 좌절의 순간에 대한 이야기 등 '공감을 부르는' 콘텐츠도 큰 파급력을 가집니다.

다만 재미, 정보, 공감을 주는 것에서 끝나면 안 됩니다. 진짜 인플루언서가 되어 수익을 얻으려면 재미, 정보, 공감을 가지고 사람들에게 '전문가로 인정'받아야 합니다. 누군가의 재미, 정보, 공감을 빠르게 가져와 소개하는 것도 중요하지만 그것만으로는 한계가 있습니다. 나름의 시선이나 포인트가 있어야 전문가입니다.

예를 들어 어떤 인스타그램 계정이 마케팅 정보를 쉽고 빠르게, 그것도 매일 올린다면 당연히 사람들이 팔로우를 하겠죠. 그렇게 팔로어가 늘어나면 그 계정은 수익을 창출할 수 있습니다. 이른바 전문적 '큐레이션'이 상대방에게 인정받았다는 것이죠. 다른 예로 '내돈내산'해서 솔직하게 평가하는 다이어트 제품 인플루언서가 있다고 해보죠. 이 사람이 좋다고 하는 물건이라면 자연히 손이 가게 됩니다. 그렇게 판매가 되면 수익이 발생합니다.

다만 전문성이라 해서 너무 어렵게 생각할 필요는 없습니다. 객관적 자료(학위, 저서, 수상 기록)로 전문성을 증명할 수도 있지만, 나름의 지식으로 꾸준히 관련 콘텐츠를 올려서 전문성을 증명하는 방법도 있습니다. 뒤에 나올 인터뷰이 중에서도 꾸준함을 통해 전문성을 증명하는 경우가 많았습니다. 참고로 전문가나 주위 사람들의 증언으로 전문성을 증명할 수도 있습니다. '그 사람 정보는 믿을 만하더라'라는 식의 증언이 쌓인다면 이 역시 효과적 증명 방법입니다.

이러한 검증 작업은 번거로운 일이지만, 수익이라는 것은 결국은 어렵거나 하기 싫은 일을 대신해주는 것에서 나오는 것이라 생각하면 이해가 갈 것입니다.

특이성: 나의 차별화 포인트는 무엇인가?

요즘은 어떤 제품이나 서비스든 수많은 경쟁자와 대체재가 존재합니다. 그만큼 비교 우위를 잡기가 쉽지 않지만, 어떻게든 우위를 잡아야 고객의 선택을 이끌어낼 수 있습니다.

인스타그램도 마찬가지입니다. 너무나 예쁜 사진에 잘 꾸며진 계정이 넘쳐납니다. 이럴수록 차별화 포인트가 중요합니다. 우리 회사가 한국전력처럼 독점적 지위를 누리지 않는 다음에야 비교 우위를 통한 차별화는 필수입니다.

잘되는 인플루언서들은 어떻게 차별화를 할까요? 뒤에 나올 인터뷰이 중에서는 남들이 컴퓨터에서 텍스트를 얹어 콘텐츠를 만들 때, 손글씨를 쓰거나 아이패드를 활용해 새로운 형태의 이미지를 만들어 차별화를 노린 경우가 있습니다. 다른 인터뷰이는 뷰티 제품도 판매하지만 함께 책 읽기를 제안하면서 팔로어들의 삶이 조금 더 나아지길 희망한다고 말합니다.

그렇다면 특이성, 즉 차별화 포인트는 어떻게 찾을 수 있을까요? '당연한 것에 대한 의문'을 습관화해야 합니다.

맛집 정보를 알려주는 인스타그램 계정을 예로 들어볼까

요? 대부분 맛집에 가서 음식 사진을 찍어 간단한 설명과 함께 올립니다. 그러나 후발주자라면 뭔가 달라야 살아남습니다. 뒤에 소개할 한 인터뷰이는 인스타그램을 통해 맛집 정보뿐만 아니라 지역 정보도 함께 전달합니다. 자신이 하는 일은 단순한 맛집 소개가 아니라, 사람들에게 유용한 정보를 제공하는 일이라 생각한다면서요. 이런 차별화가 팔로어를 늘렸을 겁니다.

《나음보다 다름》이란 책에서는 차별화에 대해 실제적 차이도 중요하지만 인식상 차이가 중요하다고 말합니다. 아무리 훌륭한 차별화 포인트가 있어도 상대방, 즉 소비자가 인정해주지 않으면 소용이 없다는 뜻입니다. 인스타그램에서 나만의 차별화 포인트를 찾았다면 꾸준히, 전략적으로 팔로어들에게 동의를 구해야 하는 작업이 필수입니다. 빨리 동의를 구할 수도 있고, 예상보다 오랜 시간이 걸릴 수도 있습니다.

이제부터 제가 만났던 인플루언서들과의 인터뷰를 통해 목적성, 전문성과 특이성이라는 '쓰리 서클'이 그들에게 어떻게 나타났는지 차근차근 말씀해드리겠습니다.

@na_kongssss

일상, 뷰티, 맛집, 자기계발을 주제로 한 계정으로 2022년 8월 16일 기준 팔로어는 약 1만 9800명입니다. 김나경 님은 인스타그램 계정과 더불어 블로그도 운영하는데 채널에 따라 주력 콘텐츠가 다른 게 특징입니다. 인스타그램에는 뷰티 관련 포스팅, 블로그에는 맛집과 경제 관련 포스팅이 주로 올라옵니다.

"인스타그램은 소통, 사진, 유행 그 자체죠."

일상 인스타그래머 김나경

인스타그램을 시작한 이유가 뭐예요?

고등학교 3학년 때 시작한 거 같아요. 남들보다 일찍 시작한 편이죠. 원래 사진 찍는 걸 무척 좋아하거든요. 처음엔 밤하늘이나 달 같은 걸 찍어서 올렸던 것 같아요. 물론 셀카도 올렸고요.

늘 부러웠던 건데, 협찬은 어떻게 들어오나요?

DM(다이렉트 메시지)으로 와요. 회사에서 직접 연락이 오기도 하고요. 광고대행사에서 협찬해주는 경우도 있어요.

엄청 부러워요. 어떤 걸 협찬받나요?

지금 입은 옷도 협찬받은 거예요(웃음). 여름이면 반팔이나 슬리퍼가 들어와요. 옷 말고도 음식점이나 카페에서 무료로 식사를 제공해줄 테니 인스타그램에 올려달라고 부탁받는 경우도 있어요. 친구나 친구 지인들에게도 연락이 많이 와요. 저를 찾아주는 것만으로도 고맙고 열심히 하고 싶죠.

'원고료'를 받는 경우도 있나요?

있어요. 건당 3만 원에서 많게는 20만 원도 받아봤어요. 제가 취업 준비생이라 따로 소득이 없거든요. 옷이나 음식 협찬을 받으면 그런 쪽으론 지출할 돈이 줄어드니까 남들에 비해 적은 용돈으로 생활할 수 있기도 하고요.

인스타그램을 하면서 고민은 없나요?

피드에 일관성이 없어요. 협찬받는 대로 올리니까 저만의 색을 드러내기 어려워요. 하지만 지금은 취업을 준비하고 있으니 더 많은 시간을 쓸 수가 없어서 일단 그대로 운영해요. 그리고 제 생각인데 머리를 단발로 자르고 '좋아요'가 예전만큼 안 나와요. 긴 머리 때 느낌이 인스타그램에 더 잘 어울리는 것 같아요. 주위에선 단발이 더 잘 어울린다는데 인스타그램 팔로어들은 별로 안 좋아하는 것 같아요.

길 가다가 사람들이 알아보는 경우도 있어요?

전에 엄마와 집 앞 카페에 갔는데 사장님이 저를 알아보시더라고요. 팔로우한다면서요. 제가 부산에 살아서 그런지 부산 분들이 많이 팔로우해주시는데 중심가에 가면 알아보시고 인사해주시는 경우도 가끔씩 있어요.

그럴 때 안 부끄럽나요?

전혀요. 전 이런 걸 즐기는 편이에요.

인스타그램 글은 보통 몇 건씩 올리나요?

하루에 하나 정도 올리는 것 같아요. 제가 사진 찍는 걸 원체 좋아해서요.

팔로어가 많은 비결이 있나요?

특별히 뭘 했다기보다 꾸준히 오랜 기간 업로드해서 자연스럽게 늘어난 것 같아요.

그런 대답은 독자들이 원하는 대답이 아닐 텐데요(웃음).

(웃음) 정말 자연스럽게 늘어났어요. 거짓말할 순 없잖아요.

그러면 질문을 다르게 해볼게요. 인스타그램 팔로어를 늘리고 싶은 분들을 위한 조언이 있나요?

소통, 사진 그리고 유행에 민감해야 해요.

소통에 관해서 조금 더 자세히 설명해주세요.

생각해보니 소통이 가장 효과적이었던 것 같아요. 예를 들면, 제가 자주 다는 해시태그를 검색해서 저랑 비슷한 느낌의 계정에 DM을 보내거나 댓글을 달아서 맞팔하자고 해요. 보통은 다들 쉽게 응해주세요. 그러면 서로 댓글 달고, '좋아요' 누르고… 그러다 보면 사람들이 댓글을 보고 제 계정에 와서 팔로우하고 가는 경우가 생겨요. 제 인스타그램과 비슷한 계정을 팔로우한다는 건 저를 팔로우할 이유도 충분하다는 의미니까요. 결국 댓글 다는 식의 소통이 팔로어를 자연스럽게 늘리는 데 가장 효과적인 것 같아요.

그럼 사진은요?

인스타그램 자체가 사진 위주잖아요. 사진이 정말 중요해요. 사진작가들이 자신이 찍은 사진을 작품이라 여기는 것처럼요. 저도 협찬이나 광고용 사진은 최선을 다해서 찍어요. 그래서 식당에선 항상 식은 음식밖에 못 먹죠. 사실 사진 찍는 걸 따로 배우지는 않았어요. 그런데 찍다 보니 실력이 늘었던 것 같아요. 더 예쁜 사진을 위해 포토샵도 사용합니다.

팔로어를 늘리고 싶다면 사진 찍는 데 꼭 많은 노력을 하세요. 유튜브에도 사진 잘 찍는 방법에 관한 정보가 많으니 한 번쯤 보는 걸 추천드려요. 그리고 제 생각인데, 사진을 여러 장 올리는 것보다 한 장만 올리는 게 도달률이 더 좋은 것 같아요. 공식 알고리즘은 아니고 제 경험입니다.

유행에 민감해야 한다는 건 뭔가요?

인스타그램 유저들은 유행 관련 내용에 더 열렬히 반응해요. 예전에 마카롱이 유행했을 때 예쁜 마카롱 사진을 올리면 반응이 좋았죠. 하지만 지금 올리면 그때처럼 반응이 안 나와요. 마라탕이 뜨기 시작했을 때 재빨리 음식점에 방문해서 사진을 찍어 올렸는데, 예상대로 반응이 좋더라고요.

전 밖에서 걸을 때 스마트폰을 안 봐요. 길가의 가게를 보죠. 어떤 음식점이 새로 생겼는지, 요즘엔 어떤 음식이 유행하는지 혹은 유행할 건지를 살펴봐요. 그리고 유행하겠다 싶은 게 있으면 꼭 방문해서 인스타그램에 올리죠.

그냥 돈을 버는 게 아니네요?

물론이죠. 이게 본업은 아니지만 수익이 나니까 나름 열심히 해요. 참고로 요즘은 릴스(인스타그램에서 올릴 수 있는 짧은 영상)가 유행이라, 릴스를 올리면 알고리즘이 노출을 더 시켜주는 것 같아요. 그런데 릴스를 자세히 보면 유행하는 춤이 있어요. 그걸 춰야 도달률이 좋은 것 같아요.

바쁘실 텐데 시간 내주셔서 감사드립니다. 마지막으로 해줄 말 있나요?

아이폰을 쓰세요. 아이폰만의 감성이 담긴 사진이 인스타그램에 더 잘 어울리는 것 같아요.

그리고 뭐든 꾸준함이 중요해요. 솔직히 저도 팔로우가 잘 늘지 않아 포기할 뻔했거든요. 그런데 꾸준히 하다 보면 딱 잘되는 포인트가 나올 거예요. 마지막으로 인스타그램에서는 남과 나를 비교하지 마세요. 어떻게 하면 내 계정이 클수 있을지만 생각하세요.

김나경 님의 쓰리 서클

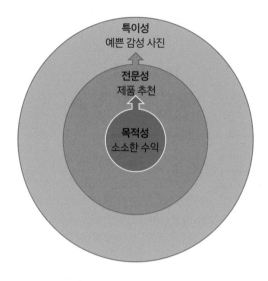

나경 님을 알게 된 건, 와이씨컬리지 마케팅팀에서 일했던 학생을 통해서였습니다. 친구 중 인스타그램 인플루언서가 있다고 해서 나경 님을 팔로우했죠. 취업 준비생인 나경 님은 인스타그램 운영이 본업이 아닌 게 특징입니다. 주 내용이 대학생의 일상이었는데도 팔로어가 매우 많았던 것도 신기했습니다. 다양한 제품 협찬의 비결이 궁금하기도 하고 부러웠습니다. 제겐 책 협찬만 들어오는데 말이죠.

@marketing_note

'마케팅노트'는 마케팅 인사이트로 개인적·사업적 성장을 돕는 것이 목적인 계정으로, 2022년 8월 16일 기준 팔로어는 약 5만 5600명입니다. 초기에는 마케터 취준생을 대상으로 시작했지만, 본인의 커리어 변화에 따라 마케팅 콘텐츠의 방향을 바꾼 점이 성장 포인트입니다.

"인스타그램은 장기적, 정기적으로 하세요."

'마케팅노트' 유소정

인스타그램은 어떻게 시작했나요?

오래전부터 마케터가 되고 싶었는데, 전공은 경제학이었어요. 그러니 혼자서라도 마케팅을 공부해야겠다고 생각했어요. 그때가 아마 2019년이었을 거예요.

일단 마케팅 관련된 책이나 기사를 읽고 공부한 내용을 인스타그램에 기록으로 남기면 저 같은 분들께 도움이 될 것 같다고 막연하게 생각했죠. 그게 '마케팅노트'를 시작한 계기였어요.

지금처럼 인스타그램이 잘될 거라고 생각했었나요?

전혀요. '이 계정을 통해 큰돈을 벌어야지'나 '빨리 팔로어를 모으기 위해서 무엇을 더 해야 할까?' 같은 고민에 많은 시간을 쓰진 않았어요. 물론 잘됐으면 좋겠다는 생각이 없었다면 거짓말이겠지만요.

많은 분들이 궁금해할 질문이에요. 팔로어는 어떻게 모았나요?

계정 이름이 확실히 도움이 됐어요. 제가 계정을 만들 당시에도 '영감노트'나 '생각노트' 계정은 영향력이 컸는데 '마케팅노트'라는 이름은 없었거든요. 마케팅을 포괄할 수 있는 이름을 선점하면서 사람들에게 관심을 받을 수 있었다고 생각해요.

물론 처음부터 팔로어가 급속도로 늘지는 않았어요. 그런데 코로나19로 인해 마케팅의 중요성이 대두됐고, 책《기록의 쓸모》의 영향으로 영감 계정이 굉장히 많아졌는데 그 시기에 제 계정도 빠르게 성장했어요. J커브를 그렸죠.

초기 팔로어는 주로 저와 비슷한 마케터 취준생 분들이었고요. 그다음엔 현직 마케터 분들이 팔로어였어요. 이게 재미있게도 저의 성장 과정과 닮았어요. 취준생일 때는 취준생 분들이 팔로우해주시고, 마케터로 일을 시작하니 현직 마케터 분들이 팔로우해주신 거니까요. 제 공부를 위해서 올리다 보니 공감 포인트가 달라진 것 같아요. 참고로 요즘은 마케팅이 필요한 자영업자나 크리에이터가 많이 팔로우하세요.

인스타그램 글은 보통 몇 건씩 올리나요?

전에는 매일 올리기도 했는데 쉽지 않더라고요. 요즘은 주 3회 업로드, 목요일에 콘텐츠를 미리 제작해두는 게 루틴입니다. 물론 평소에도 자료 수집은 꾸준히 하고요.

콘텐츠 내용은 어떻게 정하나요?

예전에는 기사 위주로 콘텐츠를 만들었는데요. 요즘은 콘텐츠 제작자 분들께 DM으로 콘텐츠를 제보받거나 마케팅 관련 책 내용을 큐레이션해요.

콘텐츠를 올릴 때 '이건 터진다' 같은 감이 오나요?

오죠. 하지만 항상 맞는 건 아니에요. 반반 정도죠. 콘텐츠 제작하는 분들도 아마 다들 비슷할 거예요. 그래도 반 정도는 괜찮은 승률이라고 생각해요.

예민한 질문일 수도 있는데, 수익은 어떤가요?

가장 많은 광고 수익을 낸 달은 한 달에 150만 원 정도 되지만 아예 못 버는 달도 있어서 평균치를 가늠할 수는 없어요. 주위에서는 물 들어올 때 노 저으라고 하는데, 광고 일색의 인스타그램은 제 지향과는 맞지 않아요. 들어오는 광고 수가 중요한 게 아니라 '마케팅노트'와 핏이 맞는 광고가 들어와야 수익을 낼 수 있으니 고민은 되네요.

인스타그램에서 정보성 계정을 운영하려는 분들에게 해줄 말씀이 있나요?

세 가지가 중요해요. 먼저 본인이 좋아하는 주제를 선택하세요. 다음엔 타깃을 명확하게 정해야 하고, 마지막으로는 독특한 매력이 있어야 해요.

하나씩 천천히 설명해드릴게요. 계정을 한 달만 운영하겠다고 생각하면 상관없어요. 그런데 오래 하려면 자신이 좋아하거나, 재미를 느끼거나, 도움이 되는 주제여야 동력이 생기는 것 같아요. 꾸준히 같은 일을 반복한다는 게 결코 쉬운 일은 아니거든요.

타깃 같은 경우는요. 제가 인스타그램을 시작할 때는 정보성 계정이 많지 않았기 때문에 비교적 큰 주제인 마케팅을 다뤘어도 팔로어를 모을 수 있었어요. 하지만 이젠 주제를 좁게 잡는 걸 추천드려요. 마케팅을 예로 들면 카페 마케팅이나 병원 마케팅처럼 세부 주제를 다루는 게 계정을 성장시키는 데 도움이 될 거예요.

마지막으로는 자기 계정만의 독특함이 있어야 해요. 제 콘텐츠의 경우 손글씨를 써요. 남들과 다른 매력을 보여주기 위해 고민하다 나온 거죠. 약간이라도 다르면 눈이 더 갈 수밖에 없어요.

'인스타그램을 통해서 어떤 걸 이루고 싶다' 같은 생각이 있나요?

부산에 있는 마케터들의 커뮤니티를 만들고 싶어요. 그렇다고 꼭 마케팅에 한정된 게 아니라 자영업, 문화예술, 교육도 관련된 큰 커뮤니티요.

저는 태어나서 쭉 부산에서 살았어요. 서울에서 마케팅 교육을 받을 때도 있었는데, 부산에는 그런 기회가 별로 없더라고요. 사실 지방은 서울에 비해 커뮤니티 기반이 잘 마련돼 있지 않아요. 그래서 교육도 제공하고 마케터를 꿈꾸는 학생들에게 도움도 주고 싶어요.

유소정 님의 쓰리 서클

'마케팅노트'에 대해서는 그 활동상을 익히 알고 있었습니다. 개인적으로 관심이 갈 수밖에 없는 '마케팅'이란 주제를 '손글씨'로 전달해 더 눈에 띄었습니다. 뛰어난 촬영 스킬이나 편집력이 없어도, 필체가 캘리그래피 급이 아니어도 진솔하게 눈길을 끄는 포인트가 있다고 생각합니다. 물론 자신이 마케팅을 좋아하고, 지역에서 무언가를 학습하는 커뮤니티를 꾸리고 싶다는 목적이 강하기에 많은 팔로어들에게 영향력을 행사할 수 있었던 것 아닐까 싶습니다.

다만 소정 님과는 초면인 터라 '처음 만나서 어떻게 인사할까?' 고민이 많았습니다. 게다가 예상치 못한 일정 탓에 인터뷰 장소에 제 큰딸도 동행했기에 더욱 고민이 됐죠. 준비한 인사 대신 큰딸과 같이 나온 이유를 설명하면서 이야기를 나누기 시작했습니다.

참고로 인터뷰 시작 전 음료수 결제에서 약간의 문제가 있었습니다. 그런 와중에서도 조용히 기다려주신 소정 님께 다시 한 번 감사드립니다. 부산이라는 곳에서 좋은 마케터를 알게 되어 좋은 시간이었습니다. 그리고 본인 유튜브 채널에 출연해달라는 요청을 받아 또 다른 만남을 약속했습니다.

@copying_danny

"원하는 펌 사진을 갖고 오면 똑같이 해드릴게요." 이 계정의 모토입니다. 2022년 8월 16일 기준 팔로어는 약 6660명입니다. 실제로 손님이 사진을 가리고 와서 헤어 스타일을 상담하는 경험을 잘 이용한 경우입니다. 또한 다양한 각도에서 모양을 확인해야 하는 헤어 관련 콘텐츠의 특징을 '릴스'로 해결한 것이 부가적 성공 포인트로 보입니다.

"큰돈 안 드니까 일단 시작하세요."

피어나는메이준 조영준 원장

인스타그램을 어떻게 시작했나요?

다 똑같지 않을까요? 사업하는 입장에서 홍보 수단으로 쓰려고 시작했죠.

페이스북을 하다가 인스타그램으로 넘어온 건가요? 다른 사람들처럼?

네, 페이스북 페이지로 숍 홍보를 했었어요. 그러다가 남들이 다 한다는 인스타그램으로 넘어온 거죠. 인스타그램이 숍을 알리기는 더 수월한 것 같아요.

팔로어 6000명이 넘는데, 어떻게 이 많은 숫자를 모았나요?

솔직히 말하면, 처음에 주위에서 팔로어를 사라고 해서 귀 얇게 팔로어를 구매했었어요. 그런데 인스타그램이 어떻게 감시를 하는지는 모르겠지만 초반에는 반응이 잘 나오다가 어느 순간 도달률이 확 떨어지더라고요. 그러다 나중엔 해시태그 검색도 안 되고 도달률이 더 떨어졌어요. 주위 사람들은 망한 거니까 그냥 계정을 새로 파서 시작하라더군요. 그런데 이 숫자를 언제 또 모으나 싶어서 될 대로 되라는 심정으로, 새로 계정을 시작하지 않고 글을 하나씩 다시 올렸어요. 다행히 어느 순간 팔로어가 늘기 시작하더라고요. 이젠 주제도 하나만 딱 정해서 꾸준히 올려요.

어떤 주제에 관한 건가요?

전엔 커트, 염색, 파마 등 제가 하는 걸 다 올렸어요. 그러다가 그냥 하나만 올려볼까 하는 생각이 들어서 남자 파마에 관한 포스팅만 올렸어요. 딱 한 주제로 꾸준히 올리니까 반응이 나오기 시작하더라고요. 남자 팔로어도 많이 생기기 시작했어요.

그분들이 손님인가요? 아니면 다른 디자이너인가요?

초반에는 손님이 대부분이었어요. 그런데 다른 디자이너 분들도 팔로우를 해주시더라고요. 제가 디자이너 분들에게 강의도 해요. 요즘에는 제 강의가 궁금한 분들이 팔로우하는 것 같아요.

인스타그램을 시작할 때 사업에 도움이 될 거란 확신이 있었나요?

일단은 해보자였죠. 더군다나 큰돈이 드는 것도 아니니 안 할 이유가 없었죠. 한 명의 고객이 오더라도 충분하다 생각하고 시작했죠.

인스타그램으로 매출이 나오나요?

그럼요.

고객들이 어떤 해시태그로 검색해서 숍을 방문하나요?

아무래도 야탑에 있는 미용실이다 보니까 #야탑미용실로 검색해서 오세요. 세부 키워드로도 검색하시죠. #야탑여자파마나 #야탑남자파마 이런 식으로요.

예전엔 네이버 검색으로 많이들 찾아봤는데 이젠 인스타그램으로 검

색을 많이 하는 거네요?

전보다 확실히 많이 늘어난 것 같아요.

네이버와 인스타그램을 통해서 오는 신규 손님 비율이 어떻게 되나요?

딱 나누긴 힘들어요. 여전히 사람들은 네이버 플레이스나 블로그를 통해서 브랜드를 인지하죠. 그런데 브랜드를 인지한다고 전부 구매를 결정하진 않아요.

그리고 소비자들이 전과 달리 네이버 블로그를 100% 신뢰하진 않아요. 광고성 글이 많다는 걸 알거든요. 그래서 소비자들이 대체 수단으로 인스타그램에서 한 번 더 검색하는 것 같아요.

네이버에서 검색하고 인스타그램으로 더 많은 정보를 얻는다는 거군요. 그럼 인스타그램을 보고 왔다는 건 어떻게 아나요?

사진을 가져와서 "이런 머리 해주세요"라는 요청이 빈번해요. 머리 사진이 인스타그램 계정에 있으니 어떻게 방문했는지 자연스럽게 알죠.

인스타그램은 어떻게 운영 중인가요? 특별한 방법이 있나요?

사람들 반응과 인스타그램 내부 알고리즘에 대해 많이 고민
해요. 유독 '좋아요'나 도달률이 좋은 게시물이 있어요. 그
걸 분석하죠. 왜 이건 '좋아요'를 많이 눌렀을까? 인스타그
램은 왜 이걸 많이 도달시켜줬을까?

예전에 사진과 동영상을 번갈아가면서 올려봤는데 릴스가
나오면서 동영상 도달률이 더 잘 나오더라고요. 그래서 동
영상을 더 자주 올렸죠. 당연히 인스타그램에서도 새로운
기능이니 초기 사용자들에게 더 많은 이득을 주려고 하겠
죠. 그렇게 릴스를 올리면서 어떤 영싱 반응이 좋은지 계속
살펴보고 '좋아요'가 잘 나온 동영상과 비슷하게 계속 만들
어요. 사람들이 좋아하는 콘텐츠를 올려야 팔로어가 꾸준
히 방문을 해주니까요.

디자이너 대상으로 강의도 하는데, 그건 어떻게 모객하나요?

대부분 인스타그램을 보고 강의를 신청하세요. 먼저 수강
하셨던 분들이 추천을 해주시기도 하는데, 따로 광고비를
안 쓰고도 꾸준히 모객이 돼요. 인스타그램이 고맙죠.

강의비가 얼마인지 물어봐도 될까요?

카핑컷 강의고 3회 차 진행하는 데 서울은 99만 원이고 지방은 110만 원이에요.

헤어숍 하는 이들에게 인스타그램에 관해 조언하고 싶은 게 있나요?

일단은 예쁜 머리를 만드는 게 가장 중요해요. 그런데 더 중요한 건 어디서 사진을 찍느냐죠. 똑같은 머리도 어디서 찍느냐에 따라 느낌이 정말 달라져요. 숍 안에 사진이 잘 나오는 장소를 찾아보세요. 저희도 사진을 찍는 장소가 정해져 있어요. 거기서 거의 모든 사진을 찍어 인스타그램에 올리죠.

파마가 예쁘게 나와도 어디서 찍느냐가 중요한 거네요.

그럼요. 어쩔 수 없이 빛과 굴절의 영향을 벗어날 수 없으니까요. 조명이 어디 있느냐에 따라 머리카락 날림이 보이거나 안 보이기도 해요. 아웃라인 형태도 마찬가지고요.

그럼 머리를 끝내면 손님을 데리고 가서 사진을 찍나요? 손님들이 순순히 안 갈 것 같은데요.

인스타그램을 보고 온 분들 중엔 우리가 사진을 찍는 숍이라는 걸 알고 오시는 경우가 많아요. 마음의 준비를 하고 오시죠. 사실 초기에는 재료비 정도만 받고 모델을 구해서 사진을 찍었어요. 일단은 올려야 할 게 있어야 하니까요.

인스타그램 게시물은 정해놓고 올리나요?

처음에는 하루에 하나씩 무조건 올렸는데 요즘은 그렇게 많이 올리진 않아요. 하지만 스토리는 계속 올려둬요. 제가 살아 있음을 사람들에게 보여줘야 하니까(웃음).

사진 찍는 걸 배운 적이 있나요?

배운 적은 없고 아이폰을 샀어요. 인스타그램에 올리기에는 아이폰이 더 좋은 것 같아요. 아이폰 특유의 노란빛 감성이 있어요.

팔로어 댓글도 달아주나요?

오래전에는요. 변명이긴 한데 요즘은 많이 바빠서 '좋아요'만 누르죠. 전보다 줄긴 했지만 댓글을 달기는 해요.

제 생각인데요. 블로그도 지수가 있잖아요. 인스타그램도 알고리즘을 짤 때 그런 부분을 분명히 반영했을 거예요. 다른 인스타그램에 '좋아요'도 잘 눌러주고 댓글도 잘 써주는 계정을 조금 더 많이 노출시켜주자고요.

마지막으로 하실 말씀이 있다면요?
인스타그램으로 좋은 기회가 계속 생겼어요. 지금도 생기고요. 아직 망설이는 분들이 있다면 인스타그램을 시작하는 걸 권해드려요. 큰돈 드는 게 아니니까요.

조영준 님의 쓰리 서클

영준 님과의 인터뷰가 끝나고 머릿속에 계속 맴돈 말이 있습니다. 큰돈 드는 거 아니니까 한번 해보라는 이야기. 인생에서 의미 있는 변화를 이끌어내기 위해서는 무언가를 시도해야 합니다. 인스타그램뿐 아니라 사업이나 인생에서 성공한 사람들 역시 항상 무언가를 용감히 시도한 사람들입니다.

@success_eunjin

일명 '부산 사는 마케터' 장은진 님의 계정으로 캘리그래피에 문장 큐레이션을 결합한 콘텐츠로 인기를 끌기 시작했습니다. 2022년 8월 16일 기준 팔로어는 약 2만 5100명입니다. 처음에는 캘리그래피 콘텐츠로 시작했다가 업무 경험을 통해 마케팅 콘텐츠 계정으로 변신한 것이 성공 포인트입니다. 또한 다양한 종류의 스토리와, 섬네일이 보기 좋게끔 게시물 순서를 정해 올리는 센스가 돋보입니다.

"나의 어떤 주제가 먹히는지 계속 확인하세요."

'마케터 은진' 장은진

어떻게 마케팅 관련 인스타그램을 시작했나요?

처음부터 마케팅 콘텐츠를 다루는 콘셉트는 아니었어요. 처음에는 캘리그래피를 올리는 게 목적이었죠.

처음부터 마케팅 콘텐츠를 올렸던 게 아니었네요?

제가 인스타그램을 시작한 이유부터 알려드릴게요. 제가 회사를 다닐 때였는데 카페 오픈 업무를 맡았어요. 물론 저 혼자 다 담당한 게 아니라 다른 동료들과 같이했죠. 그런데 오픈할 카페가 보통 사람들이 생각하던 정도가 아니었어요. 건물 7층에 있는 데다 처음엔 간판도 없었고, 사람들이 여기에 카페가 있으리라 생각할 수 없는 장소였죠. 저는 인스타그램 담당자라 오픈 전에 꾸준히 포스팅만 했죠. 그런데 첫날부터 대박이 난 거예요. 심지어 가오픈이었는데 인스타그램만 보고 사람들이 몰렸던 거죠.

그때 인스타그램에 팔로어가 많았나요?

아뇨. 많지 않았어요. 그런데 해시태그 영향이 컸던 것 같아요. #가오픈카페라는 해시태그를 포스팅마다 썼어요. 그런데 가오픈 카페만 찾아다니는 분들이 있어요. 대부분 인플루언서들이죠. 남들에게 가장 빠른 정보를 주기 위해 가오픈 카페를 찾아서 가고, 사람들은 새로운 카페 정보를 얻을 수 있으니 팔로우하는 거예요.

#가오픈카페 해시태그를 쓰면 효과가 있을 거라 예상했나요?

예상한 게 아니라 기도했죠. 그때 심정은 '일단 할 수 있는 건 다 해보자'였어요. 그 해시태그를 보고 오픈 첫날에 인플루언서 분들이 자발적으로 와주셨다고 말씀드렸잖아요. 그런데 인플루언서 분들 게시글을 보고 다른 분들이 다음 날, 그다음 날에도 계속 와주셨어요.

그런데 그거랑 지금 인스타그램과 어떤 상관이 있죠?

(웃음) 깨달은 게 있어요. 인스타그램 하나만 잘 활용해도 수익을 낼 수 있구나. 당시에 제 손글씨를 볼 때마다 사람들이 정말 예쁘다면서 팔아보라고 했거든요. 종종 판매로도 이어졌고요. 그래서 인스타그램에서 본격적으로 팔아보자고 생각한 거죠.

그러다가 어떻게 마케팅 관련 내용으로 바뀐 거예요?

앞 이야기부터 마무리할게요. 팔려고 한 손글씨가 잘 안 팔렸어요. 기대와 달리 판매가 크게 일어나지 않더라고요. 심지어 광고도 진행했는데 효과가 없었어요.

유료 광고도 했다고요?

광고비를 많이 쓴 건 아니었어요. 사실 변명 같겠지만 (인스타그램을) 열심히 하진 않았어요. 부업으로 했던 거라 열심히 할 시간이나 여유도 없었죠. 어버이날 같은 기념일에 포스팅하면 (손글씨가) 많이 팔릴 줄 알았어요. 하지만 기대와 많이 달랐어요. 그래서 흥미를 잃었죠.

그런데 제가 원래 블로그를 꾸준히 했었어요. 당시 하루 방문자 수가 3000~5000명 정도? 블로그는 잘하는데 인스타그램은 못한다는 게 뭔가 싫었어요. 뭔가를 시작하면 잘해야 한다는 생각이 남들보다 더 강한 것 같긴 해요. 그래서 판매 목적이 아니라 많은 사람들이 와서 보는 인스타그램을 만들고 싶었어요. 원래 자기계발서 읽는 걸 좋아하니 그에 관한 글귀를 손으로 써서 올렸죠. 그렇게 콘셉트가 바뀌었어요. 자기계발 관련 명언이나 문장을 올리는 계정으로요. 하루에 하나씩 꾸준히 올렸죠.

손글씨에서 자기계발 계정으로 바뀌었네요?

꾸준히 했더니 팔로어 1000명까지 늘더라고요. 자연스럽게. 유료 광고 없이요.

그럼, 진짜 마케팅 인스타그램으로 언제 온 거죠? 두 번째 같은 질문입니다(웃음).

제가 블로그를 운영한다고 말씀드렸잖아요. 당시 저는 블로그에 매우 집착했어요. (제가) 블로그 관련 강의를 시작하던 때였는데, 강의를 들으러 오는 사람들보다 방문자 수가 낮아선 안 된다는 생각이 머릿속에 가득했죠. 사실 그때 유튜브도 시작했어요. 아는 사람들끼리 모여서 일주일에 하나씩 동영상을 올리지 않으면 벌금을 내는 모임을 만들었어요. 그런데 또 인스타그램까지 하고요.

문제는 제가 직장인이라는 사실이에요. 아무 일도 안 하면 블로그, 인스타그램과 유튜브에 더 많은 시간을 쓸 수 있는데, 퇴근 후나 주말에 해야 하니까 너무 힘들더라고요. 거기다가 블로그 주제는 영화고, 유튜브 주제는 나의 성공 과정 보여주기였고, 인스타그램은 자기계발이니 콘텐츠 만드는 게 너무 힘들었어요. 셋 다 주제가 다르잖아요.

직장 다니면서 저 세 가지를 하는 게 가능한가요?

당연히 힘들죠. 그래서 정리했어요. 유튜브는 일단 쉬었고, 블로그와 인스타그램은 같은 주제를 올리기로 했어요. 그럼 뭘 올려야 하지 고민하다가 마케팅이 떠오른 거예요. 제가 마케터이기도 하고, 일상에서도 가장 많이 생각하는 게 마케팅이에요. 다른 마케터들도 마찬가지일 텐데 지하철에서 광고를 봐도 혼자서 좋은 점, 안 좋은 점을 생각해봐요. 나라면 어떻게 만들지도 고민해보고요.

그렇게 결론을 내렸어요. 내 최대 관심사인 마케팅에 관해 올리자고. 블로그, 인스타그램, 쉬었던 유튜브도 그렇게 시작했죠.

주제를 바꾸자마자 사람들이 마구마구 몰렸나요?

아니요. 별로 안 늘더라고요. 그래도 꾸준히 했어요. 1000명에서 1500명 올라가는 데 7~8개월 걸렸던 것 같아요.

팔로어를 늘리기 위해 특별히 한 게 있나요?

별로요. 정말 꾸준히 업로드만 했어요. 물론 해시태그는 많이 고민했죠. 이전에 카페를 오픈하면서 해시태그가 중요하다는 걸 알았거든요. 초반에 팔로어 늘릴 때 효과를 본 것 같아요. 그런데 해시태그만으로는 빠른 성장을 하기 어려울 것 같다는 생각이 들더라고요.

초기엔 어떤 해시태그를 썼나요?

마케팅 관련 키워드를 쭉 찾아봤어요. 마케팅, 마케팅 교육, 마케팅 공부, 인스타 마케팅, 인스타그램 마케팅과 같이 관련 키워드를 나열했어요. 키워드를 보면 누구나 쓰는 게 있잖아요. #마케팅 이런 키워드요. 그런데 이런 건 게시글이 엄청 많아요. 처음엔 노출될 거라고 기대하지 않았죠. 해시태그별로 게시물 수를 봤을 때 1000~5000개 정도 되는 키워드들 중심으로 찾았어요. 그리고 게시글 수가 더 적은 키워드도 정리하고요.

그러니까 해시태그로 쓸 키워드를 등급별로 나눈 거예요. 마케팅이나 브랜딩같이 게시물이 엄청 많은 건 1등급, 게시물 1000~5000개 되는 키워드는 2등급, 그리고 1000개 미만 키워드는 3등급으로 분류한 거죠. 1등급만 계속 올려봤자 인스타그램 피드 상위에 노출될 가능성은 없다 생각하고, 키워드를 적절히 배분해서 해시태그를 달았어요. 처음에는 2, 3등급 중심으로 해시태그를 달고, 나중엔 1등급 비중도 천천히 늘려나갔죠.

예전 경험 때문에 해시태그의 중요성을 잘 인지했던 거네요.
그런 것 같아요. 아무래도 블로그를 오래 하다 보니 그런 식으로 접근한 것 같아요. 블로그가 키워드 싸움이거든요. 그래서 소셜 미디어 채널의 기본 로직이 비슷할 거라 생각했어요. 사람들이 무언가를 검색하고 유의미한 정보를 발견하면 자연스럽게 꾸준히 유입되는 과정이 같으니까요. 유튜브에 영상을 올릴 때도 키워드를 어떤 걸 쓸지 고민을 많이 해요.

처음에 해시태그를 잘 활용해 1500명까지 팔로워를 모았는데, 그다음에는 어떻게 모았나요?

사람들이 제 손글씨를 좋아한다 생각해서, 마케팅 관련 내용을 써서 올렸어요. 뭔가 감성적인 느낌을 인스타그램에선 좋아할 거라고 판단했거든요. 그런데 이게 시간이나 노력이 많이 들어요. 지금 제 인스타그램을 보면 전부 아이패드로 작업해서 올린 거예요. 솔직히 아이패드가 손글씨보다 쓰기 더 편하죠. 처음에는 사람들이 아이패드로 만든 콘텐츠를 싫어하면 어쩌지라는 걱정이 컸어요. 그런데 또 이런 생각도 들더라고요. 그냥 한번 올려보고 반응이 안 좋으면 전처럼 손으로 써서 올리자고요. 어차피 지우면 되니까 별일이 아닐 것 같더라고요.

그런데 염려와 달리 아이패드로 올린 콘텐츠가 반응이 좋은 거예요. '좋아요'나 댓글, 도달률이 더 잘 나오더라고요. 그전에는 '좋아요'가 100개에서 200개 사이였어요. 제 기억엔 2021년 12월에 올린 '올해의 마케팅'이라는 콘텐츠가 있었는데 '좋아요'가 400개를 넘어버린 거예요. 기분이 너무 이상했어요. 뭔가 반응이 오는구나 싶었는데, 다음에 올린 게시글은 2000개를 넘어버렸어요.

알고리즘의 은총을 받은 거군요?

그렇죠. 지금 생각해보면 이유는 그것밖에 없어요. 이전 게시글도 참여율이 높긴 했어요. 인스타그램 입장에선 참여율이 좋으면 양질의 콘텐츠라고 생각해주겠죠. 그리고 그런 게시글을 탐색 탭에 노출을 시켜주죠.

그런데 탐색 탭에 노출만 된다고 전부가 아니에요. 탐색 탭에 노출된 쟁쟁한 게시글 사이에서 주목받아야 클릭으로 이어지죠. 그런데 제가 (글을) 아이패드로 작업하고 나서 확실히 손으로 쓸 때보다 주목도가 높긴 했거든요. 인스타그램이 딤색 딥에 노출시켜줬는데 클릭도 많이 일어나고 '좋아요'나 댓글도 많이 달리니 계속 노출시켜주는 거죠. 인스타그램도 유의미한 게시글들이 꾸준히 피드에 보이길 바랄 테니까요.

자, 이젠 약간 곤란한 질문이에요. 인스타그램으로 돈을 벌고 있나요?

음, 정기적으로 광고가 꾸준히 들어와서 돈을 버는 형태는 아니에요. 간혹 광고가 들어오긴 해요. 마케팅 관련한 강의나 책 같은 걸 소개하는 내용 올려달라는 DM이죠. 많이 받진 않아서 생각하는 것처럼 큰돈을 버는 건 아니에요. 솔직히 광고비를 많이 받진 않는데 조금 더 올릴까 하는 고민도 있긴 해요. 그런데 막상 올리면 광고가 안 들어올 것 같기도 하고.

인스타그램 잘하려고 강의를 듣거나 책을 사서 공부한 적 있나요?

아뇨. 유튜브에 좋은 콘텐츠가 많으니 그거 보면서 많이 배웠어요. 나름은 블로그도 잘한다 생각하지만, 블로그 관련한 내용도 유튜브로 꾸준히 찾아봐요.

만약에 누군가가 정보성 인스타그램 계정을 운영한다 하면 어떤 조언을 하고 싶나요?

'이걸 올리면 사람들이 좋아하겠지'라는 생각도 당연히 해야 하지만 인스타그램이 무엇을 좋아하는지도 고민해봤으면 좋겠어요. 인스타그램은 사람들이 좋은 콘텐츠를 발견해 (인스타그램에서) 더 많은 시간을 보내기를 원하잖아요. 그런데 그들이 일일이 좋은 콘텐츠를 확인할 수 없으니 나름대로 기준을 정해두었을 거예요. 누구나 예상할 수 있을 거예요. '좋아요'나 댓글 수가 높은 콘텐츠요. 수치화가 가능하니 쉽게 활용할 수 있겠죠. 팔로어가 아닌 이에게 노출됐을 때 팔로우가 일어나는 것도 긍정적으로 평가하겠죠. 체류 시간 또한 매우 중요한 지표가 될 거고요. 의외로 이런 부분을 놓치는 분들이 많아요.

내가 생각했을 때 아무리 좋은 콘텐츠여도 인스타그램이 그렇게 생각하지 않으면 팔로어를 늘리기는 쉽지 않아요. 염두에 두시면 좋을 것 같아요.

역시 마케터라 관점이 다른 것 같아요. 인스타그램이 더 잘되면 어떤 걸 하고 싶나요?

나중에 마케팅 대행사를 차리고 싶어요. 요즘 DM으로 마케팅에 관한 문의를 가장 많이 받아요. 이런 일을 하는데 어떻게 마케팅을 해야 할지 모르겠다거나, 실제로 마케팅 업무를 맡기고 싶다는 연락이 종종 와요. 그런데 전 약간 다르게 일하고 싶어요. 보통 대행사들은 꾸준히 일을 대행해주잖아요? 저는 3개월 정도만 도와주면서 나중에 자립하게끔 해드리고 싶어요. 전문가 없이 스스로 마케팅을 할 수 있도록이요.

은진 님은 제가 진행했던 브랜딩 북클럽의 멤버였습니다. 처음엔 사신을 외식업 회사 마케터로 소개했던 모습이 기억납니다. 북클럽에서 이야기를 나누면서 알았는데 블로그, 인스타그램과 유튜브까지 하는 열정 가득한 마케터였습니다.

'하나만 꾸준히 하면 성공한다'는 이야기는 반은 맞고 반은 틀립니다. 원하는 것을 얻었던 사람들의 공통점은 될 때까지 꾸준한 시도를 했다는 것입니다.

은진 님 또한 인스타그램 초기에 했던 캘리그래피를 지금까지 했어도 지금만큼의 팔로어를 모았을 수도 있었을 겁니다. 다만 확실한 건 다양한 시도도 중요하다는 것입니다. 시도가 있어야 빠른 변화가 가능합니다.

@legend.timmy

최경식 님 계정의 특징은 치어리더 관련 콘텐츠입니다. 2022년 8월 16일 기준 팔로어는 약 1만 5100명입니다. 아직까지 남성 치어리더라는 개념이 익숙하지 않은 데다, 해외 경력까지 덧붙여져 사진만으로도 화려한 볼거리가 됩니다. 페이스북에서의 활동을 바탕으로 인스타그램 이주 이후에도 최경식 님의 계정은 주목을 받았고, 인스타그램으로 한 달에 400만 원 가까운 수익을 올린 적도 있다고 합니다.

 @real.water.k

김진수 님 계정 역시 이색적인 경력이 포인트가 된답니다. 바로 '아트 딜러'를 '킥'으로 삼은 거죠. 2022년 8월 16일 기준 팔로어는 약 2만 1100명입니다. 미술품 소개와 판매를 하는 아트 딜러라는 직업 역시 인스타그램을 하기에 적합합니다. 여기에 더해 김진수 님의 개인적 킥이 더 있는데, 바로 단체 사진에서 특유의 각도와 표정을 유지한다는 점, 이름인 진수를 '리얼 워터'로 적절히 해석한 계정명입니다.

"해시태그를 실제 생활에 녹이세요."

소나무엔터테인먼트 최경식 실장, 김진수 마케터

* 최경식 님은 최, 김진수 님은 김으로 표기합니다.

두 분 간단한 소개 부탁드릴게요.

최: 소나무엔터테인먼트 기획총괄실장을 맡고 있습니다. 우리 회사는 유튜버와 BJ를 육성하고 성장을 돕는 일을 합니다. 행사 대행 업무 같은 것도 겸하고요.

김: 소나무엔터테인먼트에서 마케팅 팀장을 맡고 있습니다. 그리고 아트 딜러로도 일하고 있어요. 미술품을 거래하는 일이죠.

인스타그램을 왜 한 거예요? 처음엔 어떻게 시작한 겁니까?

김: 처음엔 사무직으로 일하다가 이직하면서 영업을 했어요. 저를 알려서 영업을 해야 하는데 남들 다 하는 전단지를 뿌리는 식으로 하고 싶진 않았어요. 효과적 방법이 없을까 고민하다가 인스타그램으로 날 알려보자고 생각했죠. 그리고 아프리카TV와 유튜브도 했고요.

아프리카TV와 유튜브도 했다고요?

김: 불타는 의지로 시작했지만 인스타그램처럼 원하는 결과를 얻진 못했어요. 실패라고 생각하진 않아요. 더 큰 도약을 위해 두 채널은 잠시 휴식기를 가지고 있습니다.

그럼 최 실장님은 어떻게 인스타그램을 시작했나요?

최: 전 원래 페이스북을 무척 열심히 했었어요.

페이스북을 열심히 한 이유가 뭔가요?

최: 사람들에게 즐거움을 주는 걸 좋아해요. 페이스북에 재미있는 내용이나 사진을 올리면 사람들이 즐거워하는 걸 느낄 수 있거든요. 원래 제 꿈이 개그맨이었어요. 물론 여러 가지 이유로 치어리더라는 일을 했지만 이 일

또한 누군가에게 즐거움을 주는 일이거든요. 결론은 전 누군가에게 즐거움을 주는 걸 즐겨요. 페이스북을 열심히 한 이유죠.

그러다 인스타그램을 한 이유는 뭔가요?

최: 페이스북을 하다가 예전만큼 반응이 나오지 않는다는 걸 알았어요. 그러던 중에 인스타그램을 알게 되어 시작했는데 정말 괜찮은 거예요. 페이스북에서는 사진도 여러 장 올려야 할 것 같고 글도 써야 한다는 생각이 있었어요. 그런데 인스타그램은 사진 하나, 글 한 줄에도 반응이 오는 거예요. 초기엔 그냥 제 일상을 올리는 대로 '좋아요'가 200개에서 500개까지도 나오니까 정말 재미있었어요.

'좋아요' 200개에서 500개면 적은 숫자가 아닌데, 초기에 어떻게 팔로어를 모았나요?

페이스북 친구가 5000명 있었어요. 5000명이 최대치라 더 만들 수도 없었고요. 인스타그램에서 페이스북 친구들에게 초대를 보내는 기능이 있는데, 절반 가까이인 2500명이 인스타그램 친구로 넘어왔어요. 인스타그램을 시작하면서부터 팔로어 2500명을 깔고 시작한 셈이죠.

그 덕분에 쉽게 팔로어를 늘릴 수 있었던 거였군요.

최: 아니라고 말씀드릴 수는 없어요. 그렇다고 페이스북 하는 분들 중 절반이나 와주신 걸 단순히 운 때문이라 하고 싶진 않아요. 페이스북에서의 제 이미지가 인스타그램에서도 재미있는 콘텐츠를 올리겠구나 하는 기대감을 상대에게 줬기 때문이라 생각해요.

진수 님은 어떻게 팔로어를 모았나요?

김: 키워드를 많이 활용했어요. 블랙키위라든지 키워드마스터 같은 곳에서 뽑는 키워드를 바탕으로 콘텐츠를 만들어 올렸어요.

역시 마케터답네요. 그냥 막 올리는 게 아니라 키워드를 활용했다는 거죠?

김: 맞아요. 중요한 건 그 키워드를 해시태그로 활용하고, 실제 생활에 녹였다는 거예요. 쉽게 설명해드릴게요. 만약 포켓몬빵이 유행하면 포켓몬빵을 사 먹는 사진을 올립니다. #포켓몬빵과 같은 핫한 해시태그로요. 또 〈범

죄도시 2〉가 다음 주에 개봉한다면, 분명 사람들이 인스타그램에서 찾아볼 테니 #범죄도시2를 해시태그로 쓰는 겁니다.

그럼, 영화 신작은 거의 다 찾아보는 건가요?

김: 일을 하다 보면 바쁜 경우가 많습니다. 그래서 직접 보지 않더라도 포스터 앞에서 사진을 찍습니다. 사진만 찍는 건 시간이 훨씬 적게 걸리니까요. 속이는 건 아니에요. 본 경우는 봤다고 하지만 사진만 찍는 경우는 "〈범죄도시 2〉가 개봉했습니다" 식으로 올리는 겁니다.

뜰 것 같은 해시태그를 쓰면 예상대로 팔로어가 늘어나나요?

김: 대부분 그런 것 같아요. 물론 한 번에 100명씩 늘어나는 건 아니지만 어쨌든 제 인스타그램을 발견하고 계속 보고 싶으신 분들은 팔로우를 하죠.

진수 님 인스타그램을 보니 정말 다양한 분을 많이 만나는 것 같습니다. 특별한 이유가 있나요?

김: 저는 저랑 비슷한 사람들과 만나는 걸 정말 좋아합니다. 여기서 인스타그램이 좋은 역할을 하는 것 같아요. 상대

방과 좋은 관계를 유지하기 위해서는 대부분 공통의 관심사가 있어야 하더라고요. 인스타그램을 보면 상대방이 어떤 취향인지 알 수 있어요. 올리는 사진이나 영상을 보면서 나랑 맞겠구나 하는 느낌이 오는 분들이 있죠. 그런 분들이 보이면 만나자고 먼저 제안을 드리는 경우가 종종 있어요. 좋은 사람들과 친구 하고 싶고, 같이하고 싶은 일도 많거든요.

최 실장님도 그렇게 만나신 건가요? 인스타그램에서 먼저 만나자고 해서요?

김: 인스타그램에서 먼저 만난 건 아니고, 어떤 카지노 펍에서 만났어요.

네? 펍에서 우연히 만나서 이렇게 같이 일하는 사이가 됐다고요?

김: 맞아요. 정말 그랬어요. 카지노 펍에서 실장님이 이상한 춤을 추고 있는 거예요. 이건 진짜입니다. 원래 실장님이 흥이 많긴 해요. 궁금해서 제가 물어봤어요. 제가 궁금하면 약간 못 참는 성격이라. 그런데 답변이 정말 특이했어요. 솔직히 지금은 어떤 사람인지 아니까 이해하지만, 그때는 약간 나사 풀린 사람 같다 생각했거든요.

지금 생각나는 건, 왜 춤을 추는지 이야기하다가 본인 꿈 이야기를 했던 거예요. 물어보지도 않았는데요. 10년 뒤에 난 크루즈 같은 200억 정도의 배도 사고, 호텔도 지을 거고 뭐 이런 이야기였어요. 생각해보세요. 이상한 춤을 추던 사람이 갑자기 저런 진지한 이야기를 하니 신기하기도 하고 뭐 그렇잖아요. 거기서 전화번호를 주고받았죠. 왜 그랬는지는 아직도 정확히 모르겠어요. 그리고 인스타그램을 통해서 실장님을 1년 넘게 봤어요. 실장님 인스타그램을 보면 매우 멋진 분이라는 게 느껴져요. 그러다 기회가 되어서 같이 일하자는 이야기가 나왔을 때 바로 승낙했죠. 그래서 지금 이렇게 일하고 있습니다.

지금 인스타그램으로 수익을 내나요? 쉽게 말해서 인스타그램으로 돈을 버나요?

김: 네. 제품 사진을 올리거나, 음식점에 방문해서 (글을) 올리고 광고비를 받아요. 현물로 받을 때도 있고, 현금으로 받을 때도 있고 둘 다 받을 때도 있고요.

어디를 통해서 그런 제안을 받는 건가요?

김: 광고주나 광고대행사에서 DM이 오기도 하고요. 레뷰나 블로그몬스터를 통해 체험단 신청을 할 수도 있어요. 음식점에서 제공하는 음식을 먹고 글을 올리기도 하고요. 가끔은 약간의 비용을 부담할 때도 있어요. 투잡커넥트라는 곳에 가면 다양한 체험단 내용을 확인할 수 있어요. 화장품, 다이어트 제품, 숙박업체, 전시회 등 신청할 수 있는 게 많아요.

진수 님은 인스타그램으로 한 달에 가장 많이 번 금액이 얼마예요? 평균 말고요.

김: 제품과 광고비까지 다 합쳐서 250만 원 정도 되는 것 같아요.

최 실장님은요? 인스타그램 계정으로 돈을 버나요?

최: 저도 앞에서 나온 사이트는 다 이용해요. 그리고 브릭시라고 재미있는 사이트가 있어요. 여기는 약간 다른 식인데, 광고 콘텐츠로 서로 경쟁해서 1위를 하면 더 큰 보상을 주는 곳이에요.

최 실장님은 돈도 잘 벌 듯한데, 수익 내는 일을 굳이 따로 하는 이유가 뭔가요?

최: 저는 허투루 시간 보내는 걸 싫어해요. 그래서 보통 사람들이 말하는, 쉬는 시간에 이런 활동을 해요. 돈이 더 있다고 큰 문제가 되는 건 아니잖아요. 그리고 더 중요한 건 내가 얼마나 더 큰 가능성이 있는지를 스스로 확인하고 싶어요. 그래서 일주일에 몇 개씩 광고 콘텐츠를 올려요.

최 실장님도 DM을 받나요?

최: 네, DM이 오기도 하고 전화가 올 때도 있어요. 처음엔 DM으로 연락 주셨던 분들이 다시 부탁하고 싶으실 때 바로 전화하는 경우죠. 처음에 일할 때 직접 만나거나 전화하면서 전화번호를 자연스럽게 아니까요.

최 실장님은 인스타그램으로 한 달에 얼마까지 벌어보셨나요?

최: 저도 제품과 광고비까지 합쳐 400만 원 정도까지 벌어본 것 같아요. 예전에 비싼 칫솔을 광고했는데, 소비자 가격이 50만 원 정도였어요. 이런 건 금액이 커지죠. 아! 그리고 좋은 기회가 생겨서 부산·울산·경남 관광지

소개 영상을 릴스에 올리는 걸 부탁받았어요. 당연히
비용을 받는 일인데, 나쁘지 않은 페이예요. 400만 원
이 최고라고 말씀드렸는데 이것까지 치니까 더 벌었네
요. 인스타그램 덕분에 생긴 수익이에요.

**두 분은 남자잖아요. 《인플루언서》라는 책을 보면, 슬프게도 인플루
언서로서 여자가 남자보다 평균적으로 수익을 더 많이 낸다던데 동의하
나요?**

최: 네. 어쩔 수 없는 게 있어요. 광고 시장에서도 여자 모델
을 더 선호하잖아요.

**인스타그램으로 인플루언서가 되고 싶은 이들에게 해주고 싶은 조언
이 있으신가요?**

최: 주변 사람부터 팔로어로 만들라고 이야기하고 싶어요.
인플루언서가 되려면 팔로어가 많아야 하는 건 기본이
잖아요. 전 오프라인에서 아는 사람들부터 맞팔하면서
계속 팔로어를 늘려나갔어요. 그리고 제가 쇼맨십이 많
은 편이라 술집 같은 곳에 가면 사람들의 관심 끄는 행
동을 많이 해요. 주로 춤을 추죠. 그래도 제가 나름 영
국까지 다녀온 치어리더 출신이라 많이들 좋아해주세

요. 춤을 다 추고 나면 자연스럽게 좋은 분위기가 만들어지고 이야기를 나누죠. 그러면서 인스타그램 계정을 물어보고 맞팔합니다.

그리고 제 나름의 전략 중 하나인데요. 인스타그램에서 여러 명이 함께 있는 사진을 올릴 땐 반드시 사진에 나온 분들 다 태그를 걸어요. 그러면 태그된 사람들이 '좋아요'를 누를 거고, 그들 인스타그램 친구들에게 제가 추천 계정으로 뜰 확률이 높아지죠. 저를 팔로우할 확률도 높아지고요.

또 제 사진 중에 춤추는 영상이 많은데, 간혹 고등학교나 대학교에서 강의하는 사진도 올립니다. 이런 의외성에 사람들이 더 큰 호감을 가져요. 궁금증도 생기고 뭐하는 사람인지 계속 보고 싶은 심리도 생기는 것 같아요. 그래서 팔로우하는 것 같습니다.

진수 님은 어떤 조언을 해주고 싶으신가요? 질문하다 보니, 이미 인스타그램에서 인플루언서가 되기엔 늦은 거 아닌가 하는 생각도 듭니다.

김: 아뇨. 아직 기회가 있다고 생각해요. 네이버 블로그도 그렇게 오래됐는데 아직 사람들이 많이 보잖아요. 인스타그램도 당분간은 사람들이 많이 쓰고 보는 소셜 미디

어일 거라 생각해요. 수익을 내는 인플루언서가 되고 싶다면 여행, 운동, 뷰티, 맛집 그리고 자기계발 중 하나로 시작했으면 좋겠어요. 주제를 정하고 꾸준히 일관되게 올리는 거죠.

만약에 주제가 뷰티라면, 매번 화장품을 사서 올려야 할까요? 돈이 없으면 어떡하죠?

김: 사실 이런 질문을 받으면 난감해요. 정말 저렇게 물어보는 경우가 꽤 있거든요. 잘 생각해보면, 조금만 노력하면 굳이 돈을 들이지 않고도 뷰티 정보를 알릴 수 있는 방법은 있어요. 화장품이 많은 지인에게 부탁할 수도 있고 하다못해 샘플만 찍어서 올릴 수도 있잖아요. 뭐든 하려면 방법은 있어요. 그냥 고민 없이 쉽게 포기하는 걸 보면 속상하죠.

그리고 하나 더, 하루에 (글이나 사진) 하나씩은 꼭 올렸으면 좋겠어요. 같은 일도 꾸준히 하다 보면 실력이 쌓이거든요. 꾸준함만큼 강력한 무기는 없는 것 같아요.

시간도 중요해요. 경험상 출근 시간대인 오전 7~9시, 점심 시간인 오후 12~1시. 저녁 퇴근 시간대인 오후 6~7시에 노출 수가 좋아요. 자기 전 시간도 좋은데 다들 자는 시간이 제각각이라 시간대로 말하긴 좀 어렵네요.

점심 시간은 정말 공감 가요. 음식점에 가면 사람들 전부 스마트폰만 하는 것 같아요.

김: 스마트폰이 점심 시간을 바꿔버렸어요. 그리고 하나 더 이야기할 게 있어요. 주위에 보면 팔로어를 구매하는 분들이 있어요. 그렇게 팔로어를 늘릴 순 있지만, 그렇게 구매한 팔로어가 나중에 좋은 영향을 주지는 못해요. 인스타그램 입장에서는 '좋아요'가 많이 나와야 좋은 게시글이라 판단하잖아요. 그런데 유령 계정이 '좋아요'를 눌러줄 리 없죠. 자연히 인스타그램은 이 계정이 재미없거나 사람들이 관심 없는 콘텐츠만 올린다고 판단해요. 상위 노출 같은 건 어려워진다 봐야죠. 아무리 시간이 걸리더라도 팔로어는 자기 힘으로 늘리는 걸 추천합니다.

앞으로 인스타그램엔 어떤 변화가 생길 것 같나요?

김: 제 생각엔 네이버와 비슷해질 것 같아요. 여전히 사람들이 네이버로 많이들 검색하지만 전처럼 신뢰하진 않잖아요. 상위 노출 글 중에 광고성 콘텐츠가 많다는 걸 사

람들이 아는 거죠. 그래서 진짜 후기를 보려고 인스타그램을 많이 검색하잖아요. 저도 음식점 선택할 땐 진짜 다녀온 인스타그램 후기를 찾아요. 그런데 인스타그램도 검색 상위에 광고성 글들이 대부분이더라고요. 인스타그램에서 로직을 바꾸지 않으면 아마도 신뢰도가 떨어질 것 같아요. 그러면 또 다른 채널이 등장하겠죠. 물론 거기도 나중에 광고성 글들이 올라오고요. 이건 계속 반복되는 것 같아요.

최: 저는 사이버 인플루언서가 등장할 것 같아요. 신한라이프 광고에 등장한 '로지'는 이미 인스타그램에 12만 팔로어가 있어요. 다들 로지가 처음부터 가상인간인 걸 알았잖아요? 이젠 인간과 거의 같은 외모를 갖춘 가상인간을 만들 수 있는 만큼 사이버 인플루언서가 인스타그램에서도 활동할 것 같아요. 인간 인플루언서는 사진을 찍으러 여기저기 움직여야 하지만 사이버 인플루언서는 그냥 합성으로 보다 손쉽게 콘텐츠를 만들 수 있겠죠. 비용 측면에서도 여러모로 나을 거고요. 물론 가상인간이라고 밝히지 않으면 문제가 되겠지만, 먼저 말하지 않으면 모를 정도의 모습을 갖춘 사이버 인플루언서가 조만간 광고를 놓고 인간 인플루언서와 경쟁할 수

있어요.

마지막 질문입니다. 인스타그램 인플루언서 '꿈나무'에게 해주고 싶은 이야기 더 없으신가요?

김: 무작정 하는 게 아니라, 명확히 목표를 정해서 해야 좋을 것 같아요. '유명 인플루언서가 될 거야'보다는 '1만 팔로어를 가진 인플루언서가 될 거야'처럼 구체적인 목표를 정하는 거죠. 1만이 넘으면 또 한 단계 높은 목표를 잡으면 돼요. 물론 처음엔 1000명으로 목표를 잡아도 좋아요. 만약 돈을 벌고 싶으면 '인스타그램으로 한 달에 30만 원을 벌 거야'처럼 현실적 목표로 시작하면 좋을 것 같아요. 목표는 달성한 다음에 더 올리면 되니까요.

제 처음 목표는 '100만 원'이었어요. 지금은 그 목표를 넘겼죠. 전 만족해요. 원하는 걸 이뤘으니까. 물론 더 많이 버는 분과 비교하면 절대로 만족할 수 없겠죠. 그러면 절대 행복할 수 없어요. 목표를 크게 가지는 것도 중요하지만, 더 큰 걸 가진 사람을 보며 불행한 감정을 애써 느낄 필요는 없는 것 같아요.

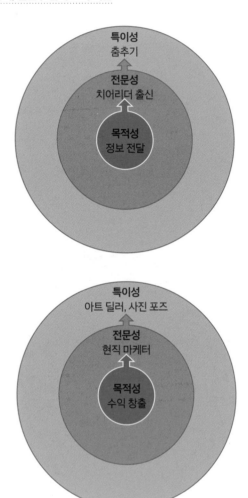

마지막에 진수 님 이야기가 개인적으로 가슴에 와닿았습니다. 남의 것을 무작정 부러워하지 말고 내가 가진 것에 감사하고 만족하기.

참고로 최 실장님은 인터뷰 때 찍은 사진을 올렸는데 '좋아요'가 1000개 가까이 나왔습니다. 사진에 태그된 저도 새로운 팔로어를 선물받았습니다. 최 실장님 인스타그램을 보면 에너지가 스마트폰을 뚫고 나오는 느낌을 받습니다. 여러분도 꼭 방문해보기를 추천합니다. '참 재미있게 사는구나', '참 열심히 사는구나'란 생각을 저절로 하게 될 겁니다.

@travelmenu1

하인덕 님은 위더스콘텐츠 대표로 '여행다녀왔습니다' 이외에도 두 곳의 인스타그램 계정을 운영 중입니다. '여행다녀왔습니다'는 2022년 8월 16일 기준 팔로어가 약 30만 명이며, 여행지 추천 및 관련 콘텐츠 큐레이션으로 꾸며집니다. 이 외에도 '여행, 머무름(@travelmenu_stay)'은 숙소를 전문적으로 추천해주며 팔로어는 약 15만 5000명입니다. '1일 1카페(@1day1cafe_)'는 감성을 자극하는 전국의 카페를 모아 알려주며 팔로어는 약 18만 명입니다.

"인스타그램은 로직이에요."

위더스콘텐츠 하인덕 대표

먼저 간단한 자기소개 부탁드립니다.

위더스콘텐츠라는 회사를 운영해요. 주력 사업은 소셜 미디어 기반 인플루언서와 광고주를 연결시켜주는 포포몬이라는 플랫폼입니다. 오프라인 매장도 세 곳 운영하고요. 그리고 여러 개의 인스타그램 계정도 운영합니다.

어려 보이시는데, 나이는 어떻게 되시죠?

서른 살입니다.

사업은 어떻게 시작했나요?

대학교 졸업 전에 여행사를 차리고 싶었어요. 그 전에 여행 관련 페이스북 페이지를 만들면 도움이 되겠다 생각했어요. 그게 '여행다녀왔습니다'라는 페이지였어요. 생각보다 팔로우를 많이 해주시더라고요. 이미 압도적 1위 페이지가 있었지만 뒤늦게 들어가서 나름대로 유의미한 성과를 만들었다고 생각합니다.

그때 몇 명까지 팔로어를 모았나요?

20만 명 정도요. 원래는 그냥 팔로어만 모았는데 10만 명이 넘고 나서 페이지를 사업적으로 이용하기 시작했죠. 주로 여행 관련 광고를 받았어요. 펜션 같은 곳에서 요청하면 광고비를 받고 콘텐츠를 올려주는 식이었죠. 이렇게 자연스레 사업을 하게 되었어요.

팔로어 모으기가 어렵지 않았나요?

원래 쉬운 건 없잖아요. 그땐 어리고 돈 없던 시절이라 가진 게 시간밖에 없었어요. 그래서 하루 15~16시간씩 썼던 것 같아요. 하루에 콘텐츠를 예닐곱 개씩은 만들었어요. 제 기억에 첫해에만 콘텐츠를 2000개는 만들었어요. 하루 종일 콘텐츠 만들고 올리는 게 삶의 전부였죠.

그때 페이스북은 많이 올릴수록 많이 노출시켜주는 방식이었어요. 그러니 무조건 많이 올리자는 생각밖에 없었어요. 콘텐츠를 봐야 사람들이 팔로우를 해주니까요. 물론 지금은 페이스북이 그렇게 작동하진 않죠.

그러다 어떻게 인스타그램으로 넘어온 거예요?

특별히 남보다 빨리 인스타그램으로 넘어간 것도 아니었어요. 다들 인스타그램 쓰기 시작하니 계정을 만들었죠. 그때 페이스북이 비즈니스 페이지 노출을 확 줄여버려서 다른 대안도 필요했고요. 예전에 콘텐츠를 올리면 10명 피드에 노출시켜줬는데 알고리즘을 바꾸면서 두세 명 정도에게만 노출되는 거예요. 이러니 페이스북 페이지를 열심히 할 이유가 사라졌죠. 저는 말씀드렸다시피 광고대행업을 하는데 광고주 요청으로 콘텐츠를 올려도 반응이 없으니 영업을 하기도 어려운 상황이었어요.

사실 전 인스타그램에서도 이런 일이 또 일어날 수 있다고 생각해요. 인스타그램이라는 플랫폼 안에서 사업하는 입장에선 인스타그램 정책이 바뀌면 따를 수밖에 없죠. 만약에 저희같이 인스타그램으로 비즈니스를 하는 계정의 노출이 줄면 지금까지의 노력이 사라지는 거죠.

그런 고민이 있었는지 몰랐어요.

인스타그램의 영향력은 지속되겠지만 정책은 늘 바뀔 수 있다고 생각해요. 다른 사업도 마찬가지겠지만 항상 리스크를 안고 있죠. 아까 말씀드린 포포몬이라는 플랫폼 사업도 이런 고민에서 나온 거예요. 외부 영향을 덜 받고 자체적으로 할 수 있는 사업을 하자는 결론이었죠.

인스타그램 계정을 한 개만 운영하는 게 아니던데요?

네. 여섯 개를 운영해요. 팔로어가 제일 많은 계정은 30만 명 정도 됩니다. 여행 관련한 내용을 올리는 '여행다녀왔습니다' 계정입니다.

30만 명이면 적은 숫자가 아닌데, 어떻게 그 많은 팔로어를 모을 수 있었나요?

아까 말씀드린 대로 콘텐츠가 가장 중요하죠.

그러면 이 계정도 페이스북 때처럼 무조건 콘텐츠를 많이 올린 건가요?

인스타그램 초창기에는 무조건 많이 올리는 게 효과가 있었습니다. 지금은 그렇게 하지 않아요. 인스타그램 로직이 계속 바뀌니 전략을 거기에 맞춰서 바꿔야 해요.

인스타그램 로직이 바뀌는 건 어떻게 아나요? 물론 큰 변화에 관해서는 인스타그램 측에서 발표하지만 작은 변화를 일일이 알려주진 않잖아요.

인스타그램 기능인 '인사이트'를 계속 확인합니다. 여기서 게시글당 노출 수를 확인할 수 있는데 중요한 지표로 생각하고 늘 분석합니다. 또한 비슷한 글을 올렸는데 노출이 떨어지거나 반응이 좋지 않으면 왜 그런지 고민합니다. 게시글이 별로였는지, 로직이 바뀌었는지요. 가설을 세우고 다른 게시글을 올리며 검증하는 과정을 거치죠. 그렇게 로직을 파악합니다.

인스타그램 계정을 관리하는 분들은 얼마나 있나요?

계정 관리만 하는 분들이 세 분 계십니다. 출근해서 퇴근할 때까지 계정 관리하고 게시글 올리는 일만 하시죠.

로직이 바뀌어서 이젠 글을 많이 올리진 않는다고 했는데, 그러면 어떤 전략으로 팔로어를 모았나요?

돈을 썼죠. '혹시 팔로어 사는 데 쓴 거야?'라고 생각할 수도 있는데, 아니에요. 인스타그램 유료 광고를 이용했습니다. 올리고 보면 반응이 좋은 콘텐츠가 있어요. 그러면 그 게시글을 유료로 광고해요. 그러면 게시글을 통해서 프로필에 방문하는 수치를 확인할 수 있어요. '프로필 방문 하나에 얼마' 식으로 데이터를 확인할 수 있어요. 그걸 보면서 광고비를 늘리기도 하고 중단하기도 하죠.

프로필 방문이면 팔로우한다는 지표가 정확히 확인되지 않잖아요?

추측하는 거죠. 유료 광고를 통해 이 게시글이 몇 명에게 노출됐고, 몇 명이 팔로우했다는 지표가 나오진 않지만 유의미한 상관관계는 있을 거라고 생각합니다. 광고를 하는 동안 팔로어가 평소보다 더 늘어나는지는 확인 가능하니까요. 제가 집중하는 건 아까 말씀드렸듯이 '프로필 방문당 비용 줄이기'예요. 같은 돈으로 더 많은 팔로어를 확보하는 게 좋으니까요. 사람들이 반응하는 콘텐츠를 올려야 하는 이유죠. 물론 프로필도 사람들이 더 팔로우하게끔 꾸며둬야 하고요.

꾸민다는 게 어떤 뜻이죠?

유저 입장에서 고민해보면 쉽게 이해될 거예요. 유료 광고를 통해서 '여행다녀왔습니다'라는 인스타그램의 게시글을 발견한 거잖아요. 글이 괜찮으면 '여긴 뭐 하는 계정이지?'라는 생각이 들어서 계정을 방문할 거예요. 프로필에서 보여줘야 하는 메시지는 단순해요. "여기엔 이런 좋은 콘텐츠가 많아요. 팔로우해서 꾸준히 확인하세요." 이런 설득의 과정을 '꾸민다'고 생각하면 될 것 같아요.

메시지가 이거네요. '우리 팔로우하면 당신에게 좋을 거야.' 그런데 페이스북 페이지 키울 때는 광고를 안 했잖아요.

안 했죠. 돈도 없었고 혼자 하던 때라. 하지만 지금은 조직도 갖춰졌고 광고비 지출할 여력도 있으니까요. 인스타그램을 새로 시작할 땐 유료 광고를 꼭 진행합니다. 그리고 이벤트도 하고요. 무료 숙박 이벤트 같은 걸로요. 좋은 호텔로 선정하죠. 누구나 가고 싶은 그런 곳으로요.

팔로어를 모으려면 유료 광고와 이벤트는 필수인가요?

모든 계정이 그런 건 아니지만 그 방법을 주로 쓰는 건 맞아요. 솔직히 이벤트 자체만으로는 팔로어가 늘진 않아요. 데이터를 보면 그래요. 물론 효과적인 전략을 쓰지 못했을 수도 있죠. 하지만 이벤트를 진행하고 나서 유료 광고를 하면 팔로어가 조금은 더 늘어요. 아마 브랜드 인지도 때문인 것 같아요. 처음 보는 인스타그램을 바로 팔로우하는 것보다, 그래도 전에 한 번 본 계정을 팔로우하는 경우가 많더라고 요. 제 생각에 팔로어를 모으기 위한 기본은 매력적인 콘텐 츠를 담은 게시글, 팔로우하고 싶게 만드는 프로필이에요.

팔로어 30만 명이 넘은 계정도 있는데, 계속 더 키우고 싶은 거예요?
그렇죠. 계속 광고비를 집행해서 키워요. 하나만 잘 키우자 가 아니라 여러 계정을 골고루 키우자가 저희 전략입니다.

이유가 뭐예요?
우리 회사는 인스타그램에 게시글을 올려주고 수익을 내잖 아요. 한 채널만 있으면 받을 수 있는 광고가 적어요. 광고 비 벌겠다고 하루에 100개씩 올릴 수는 없어요. 그만큼 효 율이 나오지 않거든요. 그러면 광고주에게도 미안하잖아요. 여러 채널을 가지면 받을 수 있는 광고 수가 더 많아지죠. 덕분에 여행 성수기인 6, 7월은 일찌감치 광고가 다 차요.

그럼 돈을 엄청 잘 버는 것 아닌가요?
생각처럼 많이 버는 건 아니지만 나쁘지 않을 만큼은 벌어요. 광고비 수익으로 한 달에 1억 정도 매출은 나오는 것 같아요.

여행 관련 콘텐츠는 어떻게 올려야 반응이 잘 나오나요?

배경 반 사람 반. 약간 저희만의 공식이에요. 인물이 너무 강하게 나오면 반응이 좋지 않더라고요. 여행 관련 인스타그램에 누군가의 얼굴을 보러 오는 건 아니잖아요. 그렇다고 배경만 올려도 정말 좋은 반응이 나오는 건 아니에요. 가장 반응이 좋은 건 멋진 배경에 인물이 등장하는 거죠. 여행에 대한 욕구를 간접적으로 해소시켜주니까요. 여행지 배경에 사람이 등장하면 내가 저 여행지에 있는 것 같은 느낌을 받는 것 같아요.

욕망을 건드리는 거네요. 단순히 여행지 정보를 제공하는 게 아니라, 여행을 즐기는 감정을 주는 거네요.

그렇죠. 그렇게 올리면 가장 많이 달리는 댓글이 친구 태그하고 같이 가자는 내용이에요.

인스타그램을 운영하면서 요즘은 고민이 없나요?

당연히 있죠. 아까 처음에 이야기한 내용이에요. 인스타그램 안에서의 비즈니스기 때문에, 로직이 바뀌면 비즈니스 계정의 노출이 줄어들 수 있죠. 노출이 좋지 않고 반응이 안 나오면 광고주가 저희에게 광고를 의뢰할 이유가 없어져요. 인플루언서를 매칭시켜주는 자체 플랫폼인 포포몬에 집중하는 이유입니다.

만약에 펜션 사장님이 숙소를 알리고 싶어서 인스타그램 인플루언서를 섭외하려면 그걸 포포몬에서 할 수 있다는 거죠?

맞아요. 여행뿐 아니라 음식점도 가능하죠. 크게는 화장품 같은 제품도 가능하고요.

그냥 인플루언서에게 DM 보내서 하면 되는 것 아닌가요?

물론 가능해요. 그런데 그게 생각보다 시간과 노력이 많이 들어요. 쉽게 설명해드릴게요. 예를 들면 자동차 엔진오일은 직접 갈아도 돼요. 하지만 정비소에 가면 비용은 들지만 전문가가 훨씬 빨리, 정확하게 갈아주죠.

사장님들은 안 그래도 엄청 바쁘세요. 그런데 일일이 여행 관련 인플루언서 찾고, DM 보내고, 조건 협의하고 실제 방문까지 진행하는 과정이 결코 간편한 일은 아니거든요. 하지만 포포몬에서는 손쉽게 진행할 수 있죠.

만약 제가 풀빌라를 운영한다고 해볼게요. 인플루언서가 제 숙소를 소개해주면 효과를 볼 수 있나요?

어떤 인플루언서가 소개하냐가 중요하죠. 단순히 팔로어 수만 가지고 이야기하는 게 아니에요. 인스타그램에서 인플루언서를 통해 처음 광고를 진행할 때 이 부분에서 많이들 실수해요. 어떤 인플루언서를 써야 할지 모르는 거죠.

이런 말씀드리긴 조심스럽지만 팔로어 수가 많은 분들 중에 팔로어를 구매한 분들도 있어요. 저희는 계정에 가서 '좋아요' 수는 물론, 누가 눌렀는지도 확인해요. 외국인 계정으로 '좋아요' 수가 많은 경우는 조금 의아하죠. 그리고 동영상 조회수도 확인해요. 동영상 조회수를 보면 얼마나 도달되는지 예측이 가능하거든요.

실제로 이런 일이 있었어요. 한 지인이 고깃집을 오픈했는데 인플루언서에게 음식과 돈을 제공하고 광고를 의뢰했다하더라고요. 약 3만 팔로어를 가진 인플루언서였던 것 같아요. 그런데 확인을 해보니 팔로어를 산 것 같았어요. '좋아요'가 팔로어 수에 비해 안 나오는 계정이더라고요. 광고를 처음 맡기는 대표님들은 이런 걸 잘 모르죠. 1만 팔로어랑 3만 팔로어가 있으면 그냥 팔로어 많은 인플루언서를 선택하는 거예요.

다시 음식점으로 설명할게요. 만약 부산 대연동에 음식점을 오픈했는데 광고를 하고 싶어요. 그런데 10만 팔로어를 가진 서울 인플루언서에게 의뢰하면 효과가 있을까요? 심지어 대연동은 관광지도 아니잖아요. 차라리 대연동 근처에 사는 2000명 팔로어를 가진 인플루언서가 훨씬 도움이 될 거예요. 팔로어 수가 무조건 성공을 보장하는 건 아니에요.

지금 운영하는 광고대행사가 그런 업무를 하는 건가요?
그렇죠. 광고비를 받고 광고주 매출을 높이기 위해 최선을 다하는 거니까요.

기억에 남는 광고주가 있나요?
업체명을 말하긴 곤란하지만 풀빌라 운영하는 광고주가 계세요. 저희가 처음에 광고를 맡아 진행한 뒤로 꾸준히 지금까지 진행해드리고 있어요. 아무래도 광고비를 잘 주시기도 하지만(웃음). 여기가 기억에 남는 이유가 있어요. 저희가 제안한 콘텐츠가 사람들의 유입을 이끌어서 꾸준히 매출을 만들었거든요. 그게 외국에서 먼저 떴던 '플로팅 조식'이에요. 아침 식사를 물 위에 띄워주는 건데 이미 이 업체에서 하고 있더라고요. 광고할 때 이걸 적극적으로 활용하면 사람들이 많이 방문하겠다는 생각이 들었죠. 예상대로 플로팅 조식을 주 광고 소재로 써서 홍보했는데 좋은 결과가 나왔죠.

요즘 여행 가는 분들 보면, 다들 손에서 스마트폰을 놓지 않아요. 여행의 기록을 많이 남겨두려는 거죠. 인스타그램에 올리기 위해서이기도 하고요. 플로팅 조식이 인스타그램에 올리기엔 최고의 콘텐츠였죠. 무척 특이하고 예쁘거든요.

광안리에서 카페도 운영하잖아요. 핫플로 자리를 잡아가는 거 같은데, 카페 운영하는 분들에게 조언을 한다면요?

남들 하는 대로 하지 마세요. 카페 운영하는 분들 보면 거의 다 콘텐츠가 똑같아요. 음료나 음식 사진 그리고 가게 사진만 계속 올리죠. 물론 그 자체가 잘못된 게 아니라, 남들과 똑같은 방식으로 올리지 말라는 거예요. 음료 사진을 올리더라도 '내가 저 카페에 가서 저 음료를 저 장소에서 저렇게 찍으면 인생샷이 나오겠구나' 같은 제안을 담아 사진을 올리라는 거예요.

사람들은 이젠 음료 마시고 이야기만 하러 카페에 가는 게 아니에요. 사진 찍으러 갑니다. 인스타그램에 올리기 위해서요. 광안리 카페 인테리어를 하면서 가장 중요하게 생각한 건 '어떻게 하면 인생샷을 손님들이 건져갈 수 있을까'였어요.

하인덕 님의 쓰리 서클

하 대표 또한 부산 와이씨컬리지 학생이었습니다. 와이씨컬리지 팬클럽 멤버이기도 했죠. 그동안 저는 그저 '어린 친구'가 회사를 열심히 운영하는구나 정도로만 생각했습니다. 뒤늦게 알고 보니 카페와 샐러드 가게 운영, 영상 제작, 인스타그램 계정부터 플랫폼까지 운영하는, 정말 능력 많은 젊은이였습니다.

@sugarbee_mj

뷰티 제품 리뷰, 공동구매를 진행하는 계정으로 2022년 8월 16일 기준 팔로 어는 약 7만 3600명입니다. '아들 둘 맘'이라는 설명이 무색할 정도로 슈가비 님은 다양한 취미 활동과 리뷰 등으로 인기를 모으고 있으며, 블로그 '슈가비의 인생뷰티'와 네이버 쇼핑라이브, 독서 챌린지 '야너두슈가비랑독서해볼래' 등의 프로그램 등으로 '슈가비'라는 닉네임 자체를 브랜드화하는 데 성공했습니다.

"상대에게 작은 영향을 끼치는 것부터 시작하세요."

뷰티 엔터테이너 슈가비

안녕하세요. 먼저 인터뷰에 응해주셔서 정말 감사드립니다.
아니에요. 제가 사실 대단한 사람이 아니라서 도움이 될지 모르겠네요.

무슨 말씀을요. 슈가비 님을 인터뷰하고 싶었던 이유가 따로 있었어요. 50만이나 100만 인플루언서가 아니라서 독자가 더 공감할 거라는 생각이 들었거든요. 저는 슈가비 님이 앞으로 더 많은 팔로어를 얻으실 것 같아요. 그 과정 속에서의 슈가비 님과 이야기를 나눠보고 싶었습니다. 나중에 100만 팔로어를 얻으시면 쉽게 못 만날 수 있기도 하고요(웃음).
그렇게 말씀해주시니 다행이네요.

본격적으로 질문을 시작할게요. 인스타그램은 어떻게 시작했나요?

제가 둘째를 출산했는데 아이에게 건강상 문제가 발견됐어요. 그래서 수술도 하고 둘째를 위해 많은 시간을 쏟아야 했죠. 더군다나 첫째가 완전히 큰 것도 아니니 너무 힘든 시간을 보냈어요. 둘째는 세 번이나 수술을 해야 했고 남편도 육아휴직을 해서 함께 애들을 돌봐야 하는 상황이었죠. 그 와중에도 '엄마표 영어'를 포함해서 정말 (아이들을) 열성적으로 키웠어요. 지금 생각해보면 어떻게 그 많은 일을 했나 싶어요.

그런데 아이들이 조금씩 성장하면서 사람들이 말하는 '육아 번 아웃'이 오더라고요. 지금 돌이켜 보면 둘째에게 미안한데, 너무 정신이 없으니까 둘째가 아픈데 눈물도 안 나왔던 적이 있어요. 너무 바쁘니까 눈물 날 새도 없던 거죠. 아이들이 자라다 보니 어느 순간 제 자신을 바라보게 되더라고요. '내 인생은 어디 갔지?' 예전 내 모습은 남 앞에서도 당당하고, 도전하는 걸 즐기고, 열정적인 사람이었는데 그 모습이 어느 순간인가 사라졌더라고요.

지인에게 고민을 털어놨더니 인스타그램을 한번 해보는 게 어떠냐고 하셨어요. 솔직히 처음엔 선뜻 내키지 않았어요. 그런데 굳이 하지 않을 이유도 없더라고요. 그래서 시작하게 되었죠.

그게 언제인가요?

2019년 6월이었던 걸로 기억해요. 무더운 날씨였어요. 그런데 시작해보니 너무 재미있는 거예요. 육아만 하다 보니 사람들을 만날 일이 거의 없었는데, 인스타그램에서 새로운 사람을 만나고 같은 관심사를 나누니 정말 재미있었어요. 믿기 힘드시겠지만 인스타그램을 시작한 지 8일 만에 팔로어가 1000명이 되었어요.

모두가 궁금해하는 질문입니다. 어떻게 그리 짧은 시간에 많은 팔로어를 모을 수 있었나요?

인스타그램 구조를 빨리 파악했던 것 같아요. 아무에게나 가서 "우리 맞팔해요"라고 댓글을 남기면 당연히 해줄 리 없겠죠. 일단 인스타그램 계정을 보면서 나랑 잘 맞을 사람인지를 살펴봤어요. 공통 관심사가 있다거나 잘 통할 거라는 확신이 들면 댓글을 남겼어요. 여기서도 중요한 게, 계정을 살펴보고 진심을 담아서 댓글을 남겼죠. 진정성 때문이었는지 거의 맞팔이 되었어요. 나중에 이야기를 들었는데 그냥 댓글 하나인데도 마음에 와닿았다고 하시더라고요.

그 댓글을 보고 또 다른 분들이 선팔을 해주셨어요.

요즘 팔로어 몇 명 이벤트 많이들 하시는데, 저는 초기부터 팔로어에게 종종 이벤트를 했어요. 이벤트라고 하니 거창한 듯한데, 그냥 작은 선물을 드렸어요. 공동구매를 자주 하는 경우엔 아무래도 참여를 늘리려고 이벤트를 통해 선물을 증정하는데 저는 초기에 그냥 선물을 했어요. 드문 경우였어요.

기억나는 이벤트 하나가 있는데요. 제가 자격증을 따서 기분이 좋았거든요. 팔로어도 3000명이 되고 해서 그냥 세 분에게 치킨을 보내드렸어요. 그런데 반응이 너무 좋은 거예요. 그 후로도 이런 이벤트를 종종 진행했어요. 이 상황이 너무 좋았어요. 누군가가 나에게 관심을 보여주는 게 너무 고마웠죠. 인스타그램에서는 비슷한 사람들끼리 모이게 돼 있어요. 저랑 잘 맞는 분들과 이야기를 나누는 것들이 정말 즐겁더라고요.

또 하나 기억하는 건, 아는 업체에서 주얼리를 꽤 많이 협찬받았었어요. 이것도 그냥 나눠드렸는데 팔로어가 1만 명이 되지 않았을 때였는데도 댓글이 한 3000개가 달렸었어요.

댓글이 3000개요?

그 정도 달렸던 것 같아요. 3000명이 한 개씩 단 건 아니고, 저 응원한다고 한 명 한 명이 댓글을 여러 번 달았죠. 물건 파는 사람도 아닌데 자기가 받을 물건을 그냥 나눠주는 게 보기 좋았나 봐요. 댓글로 친구도 소환해주고, 다른 댓글로 칭찬도 해주고 이런 식으로 여러 댓글을 달아주는 분들이 많았어요. 이런 식으로 몇 번 더 이벤트를 진행했는데 그때마다 반응이 좋았어요. 저를 인스타그램에 푹 빠지도록 만든 계기 중 하나였죠.

팔로어를 모으는 나름의 비결이 있었네요.

그렇죠. 지금은 흔한 방법일 수도 있는데 저때만 해도 그렇지 않았거든요. 남들은 이해되지 않을 수도 있는데 제 육아 전집도 많이 나눠드렸어요.

슈가비 님 책요? 협찬도 아니고 무료로요?

네. 심지어 이름만 들으면 다 알 만한 좋은 전집들이었어요. 다 직접 포장해서 보내드렸죠. 책 육아를 엄청 열심히 했던 터라 3000권 정도 있었어요. 애들이 다 커서 읽지도 않으니 인친들에게 나눠드리자 생각했어요. 아깝다는 생각도 전혀 안 들었어요. 제가 쉽게 마음을 여는 스타일은 아닌데 잘해주는 사람에겐 정말 최선을 다해서 대해요. 그 당시에는 인스타그램에서 소통하는 분들이 너무 고마운 존재였어요. 육아 번 아웃을 극복하게 해주고 삶의 활력을 준 분들이니까요.

제가 열심히 사는 모습을 응원해주고, 나를 100% 알지 못하지만 인스타그램이라는 공간 안에서 순수하게 나를 받아주는 게 정말 좋았어요. 제가 이분들을 통해 치유받았다는 느낌이 강했기 때문에 뭐든 드리고 싶었던 마음이 컸어요.

처음부터 인스타그램이 잘될 거라 생각하셨나요?

아니요. 애초에 잘될 거다, 안 될 거다 고민 자체를 안 했어요. 그래서 오히려 편하게 포스팅할 수 있었던 것 같아요. 제 계정을 보시면 꾸밈없이 올리는 편이에요. 망가지는 걸 두려워하지 않는 스타일이라 사람들이 육아맘 같지 않다는 이야기를 많이 하세요. 그게 호감을 높였던 것 같아요. 그리고 자주 듣는 말이 엉뚱하다는 건데, 춤추는 영상도 가식 없이 올리니까 좋게 봐주는 것 같아요.

공동구매는 어떻게 시작했나요?

수익을 위해 인스타그램을 시작한 게 아니기 때문에 물건을 팔자는 생각은 안 했어요. 다만 인스타그램으로 활력을 찾으면서 운동과 식단을 통해 살을 뺐어요. 다이어트에 성공하니 더욱 자신감이 생기고 무언가 도전해보고 싶다 생각이 들었죠. 그래서 화장품 모델 콘테스트에 출전했고 아줌마인 제가 1등을 한 거죠.

사실 정말 열심히 준비했거든요. 매일 집에서 자기소개와 워킹 연습하는 걸 촬영해서 모니터링하고 남편한테 봐달라 했는데, 남편이 지독하다고 할 정도였으니까요.

그렇게 1등 하고 나서, 대회를 주최한 대표님이 한 화장품 업체 대표님을 소개해주셨어요. 화장품 업체 대표님이 제가 인스타그램을 한다는 이야기를 들었는데 공구(공동구매) 해볼 생각 없냐 말씀하시더라고요. 제의가 온 것 자체는 좋았는데 자신이 없었어요. 제가 외모가 뛰어난 것도 아니고 공동구매를 해왔던 것도 아니니까요.

외모가 출중하신데요?

저는 매력 있는 스타일이지 외모가 훌륭하다 생각하지는 않아요. 진짜예요.

다시 공동구매 이야기로 돌아올게요. 결국은 시작한 셈이네요?

바로 시작한 건 아니었어요. 먼저 제품을 써봤죠. 그런데 확실히 좋더라고요. 그러니까 공동구매를 해도 되겠다는 확신이 들더라고요. 저는 지금도 인스타그램에서 파는 제품은 엄청 신중하게 골라요. 아무튼 확신이 들어서 대표님께 한번 해보겠다고 말씀드렸어요. 유명한 화장품 회사에서 연구하셨던 분이 만드셔서 그런지 제품이 확실히 좋더라고요. 그렇게 공구를 했는데 예상외로 잘 팔렸어요. 여기서 잘 팔렸다는 의미는 엄청 큰돈을 벌었다가 아니라 예상외로 많이 팔렸다는 뜻이에요. 애초에 큰 기대가 없었으니까요.

화장품은 팔기 어려운 제품으로 알고 있어요. 제가 어느 화장품 회사 제품을 받아서 우리 팀원들 준 적이 있는데 선뜻 사용하기를 꺼리더라고요. 공짜가 중요한 게 아니라 피부에 트러블 생기면 고생이니 쓰던 것만 계속 쓰게 된다고 하더라고요.

맞아요. 그래서 제가 추천한 화장품을 사준 분들에게 더 감사하죠. 인플루언서 사이에서도 화장품은 팔기 힘든 제품 중 하나예요.

추천만으로 판매가 된 건 아닌 것 같은데요. 다른 비결이 있었나요?

확신이 있었던 터라 제품을 흥미롭게 표현하려고 노력했어요. 그 당시에 뭔가 재미있게 제품을 소개하는 영상을 만들었는데 먹혔던 것 같아요. 영상을 만드는 게 정말 재미있었어요. 평소에 하던 일과는 달랐으니까요.

아까 말씀드렸듯이 새로운 일에 도전하는 걸 좋아해요. 저보고 기존에 없던 캐릭터의 인플루언서라고 주위에서 많이들 말씀하셨죠. 당시에는 '아줌마 인플루언서'가 솔직하게 자기 모습을 보여주는 경우가 별로 없었으니까요. 다들 예쁜 모습만 보여주는데 저는 그냥 제 모습 그대로를 보여줬죠. 아줌마가 크롭티 입고 화장품 수분감이 터진다고 이야기하면서 CF처럼 만드는 영상은 없었어요. 팔로어들이 이런 모습이 신선하다고 했어요. 좋게 봐주셨죠.

공동구매했던 제품 중에 매출이 가장 좋았던 건 뭐였나요?

제품 협찬하는 분들이 항상 의아해하시는 건데요. 압도적으로 매출이 잘 나오는 두세 가지 제품 말고는 판매량이 비슷비슷해요. 제품에 따른 편차가 거의 없죠. 다른 인플루언서도 다 그런 줄 알았는데 특별한 경우라고 업체 관계자 분이 말씀하시더라고요.

한마디로 팬덤이 있는 거네요?

감사하게도 그런 것 같아요. 저는 주로 화장품이나 다이어트 보조제 같은 건강 보조 제품만 팔아요. 원래 다른 먹거리도 팔아보려고 했어요. 저는 이런 결정을 할 때 팔로어에게도 물어보거든요. 그런데 제 '찐' 인친 중 한 분이 "언니는 화장품과 건강 보조 제품만 팔았으면 좋겠어요"라고 하더라고요. 그 분야만 꾸준히 했으면 좋겠다는 거죠. 듣고 보니 이것저것 다 파는 것보다 이것만 하는 게 맞는 것 같더라고요. 그리고 제가 잘되기를 진지하게 바라는 분들이 말씀해주니 더 신뢰도 갔고요.

사업적 반응이 좋을 때 더 빨리 성장시켜야 하는 것 아닌가요?

그게 맞을 수 있어요. 하지만 저는 여전히 첫째와 둘째를 케어해야 하는 엄마고, 집안일도 해야 하고 여러 가지 일도 많아요. 일의 비중을 굳이 정하라고 하면 아직은 엄마라는 명칭에 더 애정이 가요. 당장은 이렇게 가고 싶어요. 엄마와 인플루언서의 균형을 이루는 지금 삶에 만족해요.

인플루언서를 꿈꾸는 후배 주부에게 해주고 싶은 조언이 있나요?

제가 생각하는 인플루언서는 주위 사람에게 작은 영향이라도 끼칠 수 있는 사람이에요.

먼저 자신이 인플루언서로 자질이 없다고 스스로 예단하지 않았으면 좋겠어요. 반드시 연예인급 외모나 특출난 끼를 가져야 하는 건 아니에요. 먼저 주위 분들의 고충을 해결해주는 걸로 시작해보세요. 누구나 잘하는 영역이 있잖아요. 혹은 내가 먼저 겪은 경험을 공유하는 거죠. 주위에 아이 키우는 엄마가 아이가 잠을 잘 안 잔다고 하면 팁을 주는 거예요. 아이가 이유식을 안 먹으면, 나도 같은 고민이 있었는데 이렇게 만들었더니 잘 먹더라는 식으로 경험을 알려주세요. 자주 보이는 고민은 릴스로 만들이 올려도 재미있을 거예요. 도움이 되는 콘텐츠는 반응이 오거든요. 인스타그램 피드에서 누군가의 문제를 해결해주는 선배가 되어보세요. 이 과정을 통해서 자연스럽게 좋은 영향력을 끼칠 수 있을 거예요. 그리고 자연스럽게 협찬을 받는 기회도 생기고 여러 가지 좋은 일들이 생길 거예요. 제가 아는 분은 협찬으로도 충분히 여유롭게 살아요. 다만 협찬받는 것도 결국 내가 지출할 돈을 아껴서 수익을 내는 거죠. 공동구매는 세일즈이다 보니 좀 더 수익화를 고민해야 하지만, 인스타그램에서 수익을 내는 방법은 여러 가지예요.

누군가의 문제를 해결하는 선배가 되는 일이 반복되면, 상대가 찐팬으로 바뀌기도 한답니다. 너무 어렵게 생각하지 마시고 꾸준히 소통하세요.

마지막으로 하고 싶은 이야기 부탁드립니다.
저 같은 가정주부에겐 인스타그램이 가장 좋은 부업 형태라고 생각해요. 아이도 봐야 하고 집안일도 해야 하지만, 수익을 창출하는 일에서 오는 희열이 정말 매력적이거든요. 아까 말씀드렸듯이 협찬도 마찬가지고요. 당연히 재택근무도 가능하니 더 좋죠. 꼭 한번 도전해보면 좋겠어요.

슈가비 님의 쓰리 서클

슈가비 님을 처음 만난 건 한 강의에서였습니다. 강의 도중에 약간 늦게 온 분이 있었는데, 범상치 않은 아우라가 느껴졌습니다.

저는 강의로 먹고살다 보니, 사람들을 만날 때 어떤 느낌을 받을 때면 거의 적중합니다. 강의를 마치고 늘 하던 대로 제 인스타그램 계정을 알려주고 궁금한 사항이 있으면 DM을 보내달라고 말했습니다.

그날 강의 들으러 온 분 중 가장 먼저 팔로우를 해주신 분이 바로 그 범상치 않은 아우라의 슈가비 님이었습니다. 나중에 계정을 확인해보니 예상이 맞았습니다. 팔로어 7만이 넘는 인플루언서였죠.

이 책 원고가 거의 마무리될 때 출판사 담당자에게 연락해서 슈가비 님 인터뷰를 추가로 꼭 넣고 싶다 말했고 흔쾌히 허락을 받았습니다. 문제는 슈가비 님의 허락이었죠. 한 번에 승낙을 받진 못했고 두 번째 허락을 받아서 인터뷰를 진행했습니다.

인터뷰를 정리하면서, 슈가비 님 인터뷰를 실을 수 있어 참 다행이라고 생각했습니다. 다른 조언과 팁도 좋았지만, 누군가의 문제를 도와주다 보면 자연스럽게 영향력을 가질 수 있다는 한마디가 기억에 오래 남았습니다.

언젠가 수익을 내는 가장 좋은 방법은 내가 팔고 싶은 걸 파는 게 아니라, 누군가의 문제를 해결해주는 것이라는 이야기를 들은 적이 있습니다. 원하는 장소로 빨리 가지 못하는 문제를 해결하기 위해 자동차가 나왔고, 매번 손으로 빨래해야 하는 문제를 해결하기 위해 세탁기가 나왔고, 은행을 직접 가야 하는 번거로움을 해결하기 위해 인터넷 뱅킹이 등장한 것이 좋은 예입니다.

거창한 문제만 해결하는 게 대단한 것이 아닙니다. 내가 모르고 지나쳤던, 주위 사람이 가지고 있던 작은 문제를 해결하는 것으로도 멋진 기회를 얼마든지 만들 수 있습니다.

@esopoom

요즘 뜬다는 인테리어 소품 숍 중 빠지지 않는 이소품의 계정입니다. 2022년 8월 16일 기준 팔로어는 약 6만 1900명으로, 인테리어 소품을 취급하는 회사 계정답게 제품 사진에 매우 공들인 티가 납니다. 특히 제품만 부각되는 게 아니라, 다양한 상황과 소품의 조합을 고려한 사진으로 인테리어에 대한 어드바이스까지 제공합니다.

"아내에게 인스타그램 중독이냐는
말까지 들었어요."

이소품 정경화 대표

먼저 간단한 자기소개 부탁드리고, 인스타그램을 어떻게 시작했는지
도 말씀 부탁드립니다.

먼저 회사 소개부터 할게요. 이소품은 2004년에 오픈 마
켓에서 시작했어요. 지금은 자사몰과 스마트스토어 외 30
여 개 대형 몰에 입점해 인테리어 소품, 생활용품, 캠핑 소
품 등을 판매하고요. 그리고 전국 온·오프라인 사업자를
대상으로 한 B2B 몰인 트렌드컨테이너도 함께 운영하고
있어요.

인스타그램은 2018년 무렵에 시작한 듯해요. 계속된 적자
로 어려울 때였죠. 검색 광고를 통한 유입은 대부분 일회성

구매로 끝나는 경우가 많더라고요. 재방문, 재구매로 연결시키기 쉽지 않았어요. 입점 몰에서 기획전 참여, 할인 이벤트 등으로 단발성 매출은 일으킬 수 있었지만 제한된 품목 안에서 반복 할인을 하다 보니 노출과 가격 저항이라는 틀 안에 갇히더라고요.

이런 문제를 해결하기 위해 브랜드를 키워야겠다는 생각에 온라인 마케팅에 관심을 가졌고, 페이스북 광고 강의를 듣다가 자연스럽게 인스타그램에도 관심을 가지게 되어 시작했습니다.

인스타그램 팔로어는 어떻게 모았나요?

처음에 어떤 콘셉트로 글을 올리는 게 좋은지 물어볼 사람이 없어서 방향을 잡기가 너무 어려웠어요. 아마 인스타그램을 시작하는 분들 대부분이 이 고민을 할 거예요.

일단 무작정 의무적으로 하루에 글을 세 개씩 올리기 시작했습니다. 아침에 일어나자마자 침대 위에서 하나, 점심 먹고 하나, 퇴근 후 저녁 시간에 하나. 이렇게 2년 넘게 했던 것 같습니다. 아내에게 인스타그램 중독이라는 말까지 들었어요(웃음).

뭔가 매일 꾸준히 한다는 게 정말 쉽지 않습니다. 그런데 매일 꾸준히 올리다 보니 어떤 글에 고객이 '좋아요'를 누르고, 댓글을 달고, 구매하는지와 같은 데이터가 쌓이기 시작했어요. 그렇게 축적된 나만의 인사이트를 바탕으로 방향성을 만들어갈 수 있었던 것 같아요.

팔로어를 모을 때 특별히 기억에 남는 일이 있었나요?

평소와 다름없이 팔로어를 체크하는데 이상하게 새로고침을 누를 때마다 팔로어가 급격하게 늘어나는 거예요. '어? 뭐지?' 하면서 추적해봤는데, 당시 7만 팔로어 인플루언서가 '내돈내산'으로 우리 제품 후기를 올렸더라고요. 단기간에 그렇게 (팔로어가) 빨리 증가할 수 있다는 걸 처음 알게 된 순간이었습니다.

인스타그램이 사업에 도움이 될 거라 생각하셨나요? 했다면 그 이유는요?

이렇게까지 매출에 지대한 영향을 끼칠 거라고 생각하진 못했어요. 하나의 홍보 채널 정도로 시작했던 게 지금은 비즈니스에 엄청 큰 영향력을 줍니다.

인스타그램을 통해 매출이 나온다는 건가요?

초반 팔로어 2000~5000명 정도일 때도 반응이 있었어요. 그 당시 매출 전환이 서서히 일어나기 시작하다가 팔로어 증가와 비례해 점차 매출이 올랐던 것 같습니다.

광고도 집행하는데 ROAS(return on ad spend, 광고 대비 수익률) 1700%까지 나온 적도 있어요. 쉽게 이야기하면 광고비로 1000원을 썼는데 매출이 1만 7000원이 나왔다는 거죠. 이 정도면 광고비에 매일 1억씩 투입해도 전혀 아깝지 않겠다고 생각했습니다. 매일 1억을 광고비로 쓰면 매일 17억 매출을 보장받을 수 있지 않았을까요(웃음).

하지만 아쉽게도 폭발하는 수요를 감당하지 못해 재고 부족으로 중도에 광고 집행을 중단할 수밖에 없었습니다.

인스타그램 이벤트는 어떻게 기획하나요?

캠페인 목표를 잡고 기획하는 편이에요. 페이스북 광고를 집행하면서 경험했던 걸 응용한 거죠. 페이스북 캠페인에는 브랜드 인지도, 도달, 트래픽, 참여, 잠재 고객 확보, 전환 등 다양한 캠페인 목표가 있었습니다. 어떤 목적의 이벤트인 건지 고객에게 명확하게 전달하는 게 중요하다고 생각해요.

저 같은 경우는 제품 하나하나에 스토리를 만들려고 해요. 아무리 제품이 좋다 해도 제품에 대한 인지가 없는 상태에서 무작정 "우리 제품 좋으니까 사세요" 하는 건 효과가 없죠.

예를 들어, 공장에서 샘플을 만들 때부터 인스타그램을 통해 이야기해요. 사진과 함께 "이런 제품 만들어볼까요?"나 "이런 거 어때요?"와 같이 그때 상황을 공유합니다. 물건이 입고되는 과정까지 겪게 되는 에피소드도 공유해요. "현지 코로나 락다운으로 배가 뜨지 못하고 있어요" 같은 이야기를 하면서 소통과 공감대를 형성하려 합니다.

제품 출시가 코앞이면 참여 이벤트를 통해 도달률을 극대화하고, '얼리버드 특가' 같은 이벤트로 연결고리를 만들어 흐름이 이어지게 하기도 해요. 그렇게 구매로 전환시켜 초기 리뷰를 최대한 확보해서, 2차 잠재 고객에게 구매 결정에 대한 확신을 주기 위해서죠. 한 가지 팁을 더 드릴게요. 이때 광고 집행을 병행하면 시너지를 극대화할 수 있어요.

효과가 가장 좋았던 이벤트는 무엇이었나요?

아이스박스인데요. 출시 전 이벤트를 진행했고, 이틀 만에 팔로어를 2300명 늘렸어요. 그 아이스박스가 기존에 흔하게 보던 디자인은 아니었어요. 게다가 가격대도 꽤 높았기 때문에, 많은 사람들에게 사전에 제품을 충분히 인지시키고 호기심과 군중심리를 유발했죠. 말하자면 '비싸지만 사고 싶은 제품'으로 만들었어요. 그렇게 정식 오픈에 앞서 잠재 고객을 더 확장시켰고 그렇게 만들어진 모수를 통해 성공적인 구매 전환이 생겼죠.

하나 더 있어요. 구매 전환이 아닌 트래픽 증가가 목표였는데요. 악성 재고를 무료 나눔으로 풀었던 겁니다. '좋아요'와 댓글 수는 많지 않았는데, 이벤트가 오픈될 때 자사몰이 트래픽 때문에 마비됐습니다. 고객은 표면적으로 나타나지 않지만 충분히 움직일 준비는 되어 있구나 생각했죠. 이 외에도 재미있는 사례는 많아요. 이게 다 누군가 알려줘서가 아니라 경험에서 확인한 겁니다. 업종, 상품에 따라 케이스가 다 다르니까 내 비즈니스에 맞는 방향성은 스스로 찾아가는 게 좋아요.

다만, 단순히 제품 하나를 팔면 끝이라는 1차원적 목표를 두지 마세요. 게시물 참여도를 높이고, 인스타그램 팔로어를 늘리고, 카카오 플러스친구를 늘리고, 자사몰 회원 가입을 늘리고, 매출 전환을 만들고, 재구매를 유도해서 잠재 고객을 확보하는 '1타 N피' 전략에 대해 많은 고민을 해야 해요. 그리고 이 과정이 복잡하지 않게 소비자 입장에서 최대한 심플하게 설계하는 것도 중요하고요.

인스타그램을 시작하려는 후배 사업가에게 해줄 조언이 있나요?

아무리 좋은 제품이라도 소비자가 모르면 '흙 속에 진주'와 같다고 생각해요. 더 많은 사람에게 내 제품을 도달시키고, 우리 브랜드를 알리고 팬을 확보하는 데 인스타그램은 충분히 이용 가치가 있다고 생각합니다. 기꺼이 '좋아요'를 누르고, 댓글을 달아주고, 상세 페이지에 진입한 다음 장바구니에 담고, 결제하는 과정은 신뢰가 바탕이 되어야 가능하다고 생각해요. 고객에게 신뢰를 얻기 위해 반드시 브랜딩을 해야 하는 이유고요.

인스타그램은 누가 운영하나요?

줄곧 제가 직접 했는데, 간혹 너무 바쁠 때는 직원에게 맡기기도 해요.

저뿐 아니라 모든 사장님들이 다 바쁘겠지만, 처음엔 반드시 직접 운영해보길 추천해요. 아무리 능력과 센스가 뛰어난 직원이 운영한다 하더라도, 브랜드의 히스토리를 알고 진솔하게 이야기할 수 있는 사람은 결국 사장님밖에 없다고 생각해요.

그리고 고객과의 소통을 통해 어떤 제품에 반응을 보이는지 귀를 기울이다 보면 비즈니스 방향성을 잡아가는 데 큰 도움이 될 거라 생각합니다.

인스타그램 사진이 예쁜데 누가 찍나요?

제가 직접 촬영합니다. 그런데 경험상 예쁜 사진에만 반응이 오는 건 아니에요. 퀄리티보다 궁금증을 유발하는 사진도 충분히 좋은 콘텐츠가 될 수 있어요.

인스타그램 관련해서 기억에 남는 강의나 책이 있나요?

오프라인 강의를 들을 시간적 여유가 없어서 주로 유튜브를 통해 학습했어요. 하지만 대부분 기초적인 내용 위주라 최근에는 인스타그램 관련 강사들과의 친분을 통해 좋은 팁을 많이 얻기도 했습니다.

인스타그램에 올리는 상품은 선정 기준이 따로 있나요?

기존 제품부터 계속 새롭게 출시되는 신상품까지 골고루 다양하게 보여주려 해요. 제품 몇 가지로 콘텐츠를 만들어 지속적인 브랜딩을 할 수 있는 비즈니스가 아니다 보니까요.

인스타 라이브도 하시던데, 어떤 식으로 찍나요?

인스타 라이브는 최근에 시도해서 아직 경험을 쌓아가는 단계예요. 방송은 사내 스튜디오에서 하고요. 현재는 판매보다는 소통 목적으로 계획하고 있습니다.

아내에게 인스타그램 중독이라는 말까지 들었다는 대목에서 인스타그램 운영과 인플루언서에게 어느 정도의 노력과 열정이 필요한지 알 수 있었습니다. 인생 대부분의 것들이 그렇듯 어딘가에 미치지 않으면 얻을 수 있는 값진 것은 별로 없습니다.

정 대표님과의 만남은 조금 특별했습니다. 하루는 아는 형이 차를 사러 간다고 대구로 오라는 겁니다. 제가 사는 부산에서 대구는 자동차로 한 시간 넘게 걸립니다. 이성적으로 따지면, 한 시간을 달려가 남이 차 사는 걸 구경하는 건 아무 의미 없는 일입니다. 하지만 그 형은 이성보다 감성에 충실한 스타일이었고, 저 또한 그다지 바쁜 사람은 아닌지라 굳이 거절하지 않고 대구로 갔습니다.

그렇게 차를 산 형이 '아는 대표님'이 있다며 같이 만나러 가자고 했습니다. 느닷없는 일정이었지만, 점심을 사준다니 저는 또 좋다고 따라갔습니다. 거기서 인생 닭 요리를 먹었고 정 대표님을 처음 만났습니다. 인터뷰를 정리하는 지금도 침이 고일 정도로 맛있었습니다.

@busan.food.here

부산의, 부산을 위한, 부산에 의한 맛집 정보 계정입니다. 2022년 8월 16일 기준 팔로어는 약 24만 3000명입니다. 이름 그대로 부산의 맛집이 중심 콘텐츠인데 음식 사진을 업체로부터 제공받지 않고 직접 촬영해서 올리는 게 특징입니다. 여기에 동영상까지 추가하면서 그에 따른 구도나 음식 플레이팅까지 신경쓰며, 식당에 역으로 솔루션까지 주는 데서 콘텐츠에 대한 열의를 확인할 수 있습니다.

"좋은 콘텐츠란,
내가 직접 보고 경험한 것들이에요."

부산맛집여기 이윤아 이사

부산맛집여기 인스타그램은 어떻게 시작됐나요?

일단 개인이 운영하는 계정은 아니에요. 대부분의 상업 계정이 그렇듯이 회사에서 운영해요. 대표님이 따로 있고 전 운영을 책임지고 있죠. 대표님은 원래 외식업 프랜차이즈를 운영했어요. 외식업 하는 사람들은 자신을 알려야 하잖아요. 가장 흔한 방식이 네이버 검색에 노출되게 하는 것이고, 다음이 맛집 페이지에서 알리는 거죠. 대표님이 보니까 네이버 같은 회사를 만드는 건 힘들어도 맛집 페이지는 직접 만들어도 되겠다 싶어서 처음엔 페이스북 맛집 페이지로 시작했어요.

신문사에 광고비 내기 싫어서 신문사를 차린 것 같은 케이스인데요?

정확해요. 대표님한테 돈이 더 많았으면 네이버 같은 검색 회사를 차리셨을 텐데요(웃음).

그렇게 맛집 페이지를 만들고 남과는 다른 전략을 펼쳤어요. 다른 페이지는 주로 사진으로 정보를 전달하죠. 다른 곳에서 다 하는 것처럼요. 가게 가서 음식 사진 찍고, 인테리어 사진 찍고, 모델이 먹는 모습 찍고 이런 식이죠. 우린 약간 다른 접근을 해보고 싶었어요.

그 당시가 먹방이 막 인기를 얻던 시절이었는데, 우리도 저렇게 해보자고 했죠. 그래서 맛집 소개할 때 누군가가 먹는 모습을 영상으로 담아서 같이 보여줬어요. 주로 제가 먹긴 했죠. 그때만 해도 우리 회사에 일하는 사람이 많지 않았거든요. 반응이 좋았어요.

그런데 어떻게 인스타그램을 시작할 생각을 했나요?

페이스북이 피드 내 노출 순위 알고리즘을 크게 바꾼 적이 있어요. 상업적 내용이 주를 이루는 비즈니스 계정 페이지 노출을 크게 줄이고, 일반 계정 게시물 노출을 더 늘렸죠. 그때 맛집 페이지도 노출 횟수가 확 줄었어요. 그래서 어쩔 수 없이 인스타그램을 시작한 것 같아요. 유튜브도 함께 시작했는데 영상 촬영이나 편집에 많은 노력과 시간이 투여되다 보니 인스타그램에 더 집중하게 됐죠.

팔로어는 어떻게 모았나요?

듣고 실망하실 수도 있겠지만, 이미 페이스북 페이지에 많은 팔로어가 있어서 인스타그램 팔로어를 초기에 비교적 쉽게 확보할 수 있었어요.

다만 팁이 있어요. 페이스북이나 인스타그램은 새로운 기능을 만들면 그걸 잘 밀어줘요. 쉽게 말하면 노출을 더 시켜주죠. 인스타그램이 릴스를 만들었을 때 우리도 릴스로 많이 포스팅했어요. 다른 게시글보다 노출이 더 많이 되더라고요. 그렇게 노출되었을 때 좋은 내용이 있으면 자연스럽게 팔로어도 늘어나죠.

우리 회사 장점 중 하나가, 새로운 기능이 생기면 가장 빨리 시도해보는 거예요. 나름대로 부산에서는 가장 큰 인스타그램 맛집 계정이지만 꾸준히 새로운 시도를 하려고 합니다. 쉬운 일은 아니지만요.

공감합니다. 팔로어가 늘어나려면 유용한 정보가 있어야 하죠. 단순히 "우리 계정 팔로우해주세요"는 크게 효과가 없잖아요. 팔로우하고 싶게

하는 좋은 콘텐츠가 없다면요.

맞아요. 그게 가장 중요하죠. 저희도 다른 인스타그램에 맛집 음식 사진을 올린 분들의 동의를 구해서 포스팅을 하기도 해요. 하지만 매우 예외적인 경우입니다.

우리 원칙은 오리지널리티입니다. 모든 사진이나 동영상은 직접 촬영합니다. 솔직히 말하면 귀찮은 일이죠. 다른 분들에게 DM이나 댓글을 달아서 동의를 구하면 훨씬 편하니까요. 하지만 우리가 생각하는 좋은 콘텐츠란 우리가 직접 보고 경험한 것들이에요. 이런 진심이 전달되니 팔로어가 꾸준히 늘어나는 것 같아요.

혹시 사람들이 팔로우하는 다른 이유는 없을까요?

음…. 아마 이런 이유도 있었던 것 같아요. 맛집 페이지도 본질적으로 정보를 전달하는 거잖아요. 그래서 부산에 사는 사람이라면 관심 가질 만한 유용한 정보도 포스팅해요. 예를 들면, 부산에 새로 생기는 워터파크나 해양 열차 같은 것들이요. 맛집 정보는 아니지만 사람들이 관심 가질 만한 내용이죠. 소비자 입장에서 맛집 정보와 함께 관심 갈 만한 정보까지 얻을 수 있으니 자연스럽게 팔로우를 하겠죠.

인스타그램 맛집 계정의 수익 구조는 주로 광고잖아요. 음식점이 가게를 알리기 위해 비용을 지불하는 것들요. 광고 영업은 어떻게 하나요?

안 해요.

안 한다고요?

네. 따로 해본 적이 없어요. 아마 식당 오픈해본 분들은 아실 텐데요. 이런저런 광고하라고 영업하는 전화가 엄청 와요. 가끔은 찾아오고요. 그런데 우리는 이런 전화나 방문 영업을 한 번도 안 했어요.

그러면 어떻게 광고를 받나요?

입소문이죠. 페이스북 페이지를 운영할 땐 광고하고 싶다면서 식당 운영하시는 분들 메시지가 오더라고요. 그렇게 한두 군데 하다가 효과를 본 분들이 주위에 추천해주고, 또 그분들이 다른 분들을 추천해주죠. 그렇게 광고한 광고주 분들이 지금도 먼저 연락을 하세요.

이것도 궁금했어요. 인스타그램에서 반응이 좋은 식당은 어떤 곳이에요?

인스타그램 자체가 비주얼 중심이다 보니까, 아무래도 피드에서 눈에 딱 띄는 비주얼을 갖춘 음식을 파는 곳이죠. 우리는 다양한 음식점에 대해 올리니 사람들이 무엇에 얼마나 반응하는지 비교해서 데이터를 얻을 수 있잖아요. '좋아요' 수나 댓글 수 그리고 도달률까지요. 반응이 좋은 게시글을 보면 딱 봐도 놀랄 만한 두꺼운 패티가 든 햄버거나 치즈가 쭉 늘어나는 음식 등이죠. 이젠 음식을 개발할 때 인스타그램에 올리면 어떤 모습으로 보일지부터 고민하는 셰프들도 점차 많아지더라고요.

반응이 좋다면 손님도 많이 오겠죠? 장사도 잘되고요?

인스타그램에서 반응이 좋으면 일단 첫 방문은 이루어져요. 그런데 장사가 잘된다는 건 손님이 꾸준히 오는 거잖아요. 비주얼 좋은 음식으로 첫 방문이 이루어져도 다음이 중요해요. 한 번 왔던 손님이 꾸준히 방문해줘야 하니 일단 맛이 있어야 해요. 당연히 서비스도 중요하죠. 식당에서 전체적으로 느끼는 경험이 중요하니까요. 이런 좋은 경험이 재구매를 이끌어내죠.

혹시 광고주 음식점에 방문해서 안타까웠던 경우는 없었나요?

당연히 있죠. 음식이 맛있고 서비스도 좋은데 비주얼이 안 나오는 경우가 있어요. 촬영을 하다 보면 이 음식이 인스타그램에서 반응이 어떨지 거의 예상이 돼요. 어떻게든 시선을 끄는 사진을 찍으려 해도 안 되는 경우가 있어요. 그런데 우린 음식을 촬영하는 사람이지 만드는 사람은 아니잖아요. 이럴 때 속상하죠.

혹은 자주 있는 일은 아닌데 이런 경우도 있어요. 도움을 드리고 싶어서 이런 식으로 음식을 플레이팅하면 좋을 것 같다 말씀을 드릴 때가 있거든요. 그런데 그냥 해놓은 대로만 촬영해달라는 경우도 있어요. 잘되길 바라는 마음에서 조언을 해드린 선데요.

혹시 실례가 안 된다면, 광고 한 번 올리는 데 얼마인가요?

그거야 DM을 보내셔도 다 답장을 드리니 말씀드리는 거야 어렵지 않죠. 한 번에 100만 원입니다. 직접 방문해서 촬영을 해드리는 비용까지 포함입니다.

광고를 의뢰하면, 먼저 업장에 방문해서 미팅한 후에 진행되는 건가요?

아니요. 계약이 이루어지면 그때 촬영하러 가요. 계약 전에 직접 만나는 일은 없고요. 계약 전에 의미 없는 미팅을 하는 것보다 광고주의 콘텐츠 퀄리티를 높이는 게 더 중요하다는 것이 대표님 지론이거든요. 우리가 큰 회사가 아니다 보니 한정된 인원이 일을 처리할 때 쓸 수 있는 힘이 분산될 수밖에 없어요.

인스타그램 맛집 계정이 앞으로도 꾸준히 성장할까요?

전적으로 개인적인 생각인데, 어느 정도 한계는 온 것 같아요. 코로나19가 끝나가면서 그 이전 매출로 돌아올 줄 알았는데 아니더라고요. 그렇다고 음식점이 광고를 하지 않는 건 아니에요. 요즘은 개인 인플루언서에게 직접 의뢰하더라고요. 저희 입장에선 경쟁자의 등장이죠. 물론 우리도 가만히 있는 건 아니에요.

우리가 직접 촬영을 고집하는 이유가 여기 있어요. 광고주들이 개인 인플루언서를 선호하는 이유가 일반인 시선에서 콘텐츠를 올려주기 때문이거든요. 그러니 우리도 직접 방문한 느낌을 최대한 줄 수 있게 정보를 전달하려고 해요. 우리가 정말 촬영에 진심이거든요. 흔한 경우는 아니지만 결과물이 마음에 들지 않으면 재촬영도 합니다. 말이 재촬영이지 광고주에겐 엄청 미안한 일이에요. 음식이나 촬영 준비를 다시 해야 하니까요. 사실 이건 대표님 의지 때문이기도 한데요. 광고비가 전혀 아깝지 않다는 생각이 들도록 하는 게 매우 중요하다고, 그래야 다음 기회가 또 생긴다고요.

이제 인스타그램을 시작하는 분들에게 조언 부탁드립니다.
딱 세 가지를 말씀드리고 싶어요. 노력, 소통, 콘텐츠예요. 인스타그램을 시작할 땐 많은 시간을 쓰겠다는 각오가 필요해요. 인생 대부분의 일들이 그렇듯 쉽게 얻을 수 있는 건 별로 없잖아요. 인스타그램도 초기에 많은 노력이 필요해요. 많은 분들이 인스타그램으로 수익을 내겠다고 뛰어들었다가 한 달 해보고 그만둬요. 그렇다고 하루에 많은 시간을 투자하는 것도 아니에요. 성공하기 힘들죠.

소통은요. 내가 멋진 사진 올리면 사람들이 알아서 '좋아요'도 누르고, 댓글을 달아요. 이건 정말 유명한 연예인이나 대단한 사람들한테만 생기는 일이에요. 처음엔 일일이 찾아가서 '좋아요'도 눌러주고 댓글도 먼저 달아줘야 해요. 무의미한 댓글 말고 '아, 정말 이 사람이 나에게 관심이 있구나' 느끼게 하는 그런 댓글이요.

콘텐츠라면, 멋진 사진이나 동영상이겠죠?

저도 사진 못 찍기로 유명한데 사진 잘 찍는 방법이 있을까요?

신입 직원들에게 이야기해주는 게 있어요. 인스타그램에서 좋은 사진을 많이 보고, 많이 찍어보라고요. 그러다 보면 자신만의 스킬이 쌓이는 것 같아요. 아마 작가님은 그런 노력은 안 하실 듯한데요?

정확합니다. '난 왜 이렇게 못 찍지?' 생각하고 노력을 하지는 않습니다.

이 이야기도 해드리고 싶어요. 노력에 관한 이야기요. 인스타그램을 할 때 예쁘거나 잘생기면 솔직히 많은 도움이 돼요. 부정할 수 없죠. 하지만 영향력 있는 인플루언서가 되려면 또 다른 노력이 필요해요. 운동하는 모습이나 공부하는 모습 같은 거요. 다른 걸 더 보여줘야 해요. 외모로 남들보다 빠르게 팔로어를 모을 수는 있지만 노력 없이는 원하는 것을 얻긴 힘들어요.

마지막 질문입니다. 프로필 링크에 공동구매 상품이 있더라고요. 주로 음식이었던 것 같은데 공동구매 사업도 하는 건가요?

알고리즘 변경으로 페이스북에서 인스타그램으로 옮겨왔잖아요. 아무래도 플랫폼 내에서 비즈니스를 한다는 건 플랫폼 정책에 많은 영향을 받을 수밖에 없어요. 인스타그램에서 갑자기 비즈니스 계정의 도달률을 줄여버리면 또 다른 방법을 찾아야겠죠. 그래서 매출 확장 겸 대비를 위해 여러 가지 테스트를 합니다. 언제 어떤 일이 생길지 모르니까요.

책을 쓰면서, 맛집 인스타그램 계정 담당자를 꼭 만나고 싶었습니다. 누구나 가장 손쉽게 팔로우하고 관심을 가지는 맛집 이야기를 인스타그램에 어떻게 담아내는지 궁금했기 때문이죠. 그렇게 부산에서 가장 많은 팔로어를 가진 부산맛집여기 담당자를 인터뷰하기 위해 제 인스타그램 스토리에 글을 올렸습니다. 여기서 또다시 힘을 발한 인스타그램의 힘!

"부산맛집여기 담당자 아시는 분은 DM 주세요!"

이 인터뷰 바로 뒤에 나올 우토피아 김 대표님이 DM을 보내왔습니다. 부산맛집여기 담당자와 원래 알던 사이라면서 연락처를 전달받았습니다. 그렇게 인터뷰가 성사됐습니다.

부산 사는 특권 중 하나가 바로 멋진 바다가 보이는 카페입니다. 이 인터뷰 또한 멋진 여름 바다를 담은 광안리 스타벅스에서 진행했습니다. 제가 커피를 대접하려 했는데 당신 커피는 직접 구매하셨습니다. 인터뷰에 더해 커피도 직접 사 드신 이 이사님께 다시 한 번 감사의 인사를 드립니다.

인터뷰를 마치고 나니 여전히 해가 밝았습니다. 집에 걸어가기에는 애매한 거리라 카카오 바이크를 타고 집으로 향했습니다. 마침 주말이라 와인숍에서 샤도네이를 하나 사서 들어갔습니다. 그렇게 가족과 저녁을 먹으면서 와인을 마시는데 인터뷰 마지막 한마디가 기억났습니다.

"언제 어떤 일이 생길지 모르니까요."

그렇게 가족을 위해 열심히 살아야 할 이유가 더 추가됐습니다.

@yoonhu.kim

'육식주의자' 김윤후 님의 계정으로, 2022년 8월 16일 기준 팔로어는 약 1만 9000명입니다. 김윤후 님의 원래 직업은 고기를 다루는 일이었습니다. 그러다 참치집에서 '손님과의 커뮤니케이션이 주는 즐거움'에 대해 깨닫고 자신만의 고 깃집을 오픈했습니다. 부산에 대한 애정이 남다른 그는 가게 인테리어에 부산 의 이미지를 담으려 노력했고, 인스타그램에서는 손님에 대한 진심을 보여주기 위해 노력하고 있습니다.

"인스타그램을 통해
진심을 전하려고 노력합니다."

고기형 · 우토피아 김윤후 대표

인스타그램은 어떻게 시작했나요?

많은 분들처럼 페이스북을 하다가 인스타그램을 한 경우예요. 뭔가 거창한 이유가 있는 건 아니고 다들 인스타그램을 사용하니 넘어간 거죠. 외식업 특성상 우리를 알리거나 고객과의 소통이 중요한데 인스타그램을 이용하면 도움이 될 거라 생각했죠.

지금 수영 고기형과 광안리 우토피아 두 곳을 운영 중인데, 원래 외식업을 했나요?

아니요. 원래는 고기 다루는 일을 했어요. 아시는 분은 아실 텐데 거친 일이에요. 제가 외식업에 발을 들여놓기로 결정한 날이 정확히 기억나요. 서울의 한 참치집이었는데 다찌라는 곳에 앉아서 셰프님과 이야기를 나누면서 식사를 했어요.

그런 거 있잖아요. 살면서 '아! 나도 이걸 꼭 해야겠다' 생각이 드는 날이요. 그날이 그랬어요. 난 원래 고기를 다루니, 고기를 내주면서 손님과 이야기를 나누며 멋진 시간을 선사하고 싶다고요. 제가 참치집에서 느낀 행복을 손님에게 고기로 준다면 좋을 것 같았어요.

인스타그램 팔로어는 어떻게 모았나요? 팔로어가 1만 명이 넘는데 적은 편은 아니죠. 혹시 팔로어를 구매한 적이 있나요?

구매할 수 있다는 이야기를 듣긴 했는데 아니에요. 이게 뭐라고 굳이 돈까지 써가면서(웃음). 가게 오신 분들이 식사 후에 많이 올려주세요. 가게명으로 해시태그 검색해서 찾은 다음에 감사하다고 답변을 일일이 달아드렸죠. 제가 먼저 팔로우를 하는 경우가 많았어요. 감사하게도 그러면 맞팔을 해주시더라고요. 손님이 팔로우해주시면 전 꼭 맞팔하려 노력합니다. 제 인스타를 보면 팔로어가 만 명이 넘고 팔로우가 거의 7500명까지 돼요. 저도 나중에 알았는데 팔로우는 7500명까지 가능하더라고요. 페이스북 친구가 5000 명까지 가능한 것처럼 인스타그램도 그 숫자를 넘어서는 늘 릴 수가 없더라고요.

인스타그램이 일에 도움이 되나요?

물론입니다. 요즘 다들 인스타그램에서 많이 검색하는 것 같아요. 예를 들면 고기형은 수영에 있습니다. 손님이 가게 를 어떻게 발견하냐면 처음에 #수영맛집을 검색합니다. 거 기서 우리 손님이 올린 사진을 보고 #고기형을 발견합니다. 그리고 네이버에 가서 다시 가게를 검색한 다음 방문하는 식이죠. 아무리 멋진 음식을 준비해도 손님이 알지 못하면 방문할 수 없습니다. 인스타그램이 우리 브랜드를 알리는 데 중요한 역할을 하는 것 같아요.

다른 장점은 없나요?

더 중요한 장점이 하나 있습니다. 쇠고기가 가격이 저렴한 편은 아닙니다. 일주일에 한 번씩 들를 수 있는 가게가 아니 에요. 두세 달에 한 번 와주시는 것도 감사하죠. 구매 주기 가 다른 식당에 비해 긴데, 여기서 인스타그램이 중요한 역 할을 합니다.

저는 인스타그램을 통해 손님의 기억을 관리합니다. 조금 쉽게 이야기하면 가게에 오지 않아도 기억 속에 고기형과 우토피아라는 브랜드가 남아 있게 합니다. 그렇게 유지된 기억이 재방문으로 이어지죠. 예전에 외식업 하는 분들은 손님의 기억을 관리하기 위해 편지를 보내는 경우도 있었어요. 남겨준 명함을 가지고요. 이젠 인스타그램으로 더 쉽게 가능하죠. 많은 분들이 인스타그램을 통해 신규 고객 확보만 고민하는데, 저는 재방문 고객이 더 중요하다고 생각합니다. 모든 비즈니스가 마찬가지겠지만 외식업에서는 특히 중요하죠.

저는 제 인스타그램을 통해 진심을 전달하려고 노력합니다. 고기 하면 김윤후, 고기에 미친 사람, 뭐 이렇게 기억되고 싶어요. 실제로 그렇기도 하고요.

다른 곳과 달리 협업에 다양한 이벤트를 많이 시도합니다. 특별한 이유가 있나요?

뻔한 이야기일 수도 있는데, 전 손님이 우리 가게에 와서 즐거워했으면 좋겠어요. 앞서 말씀드렸듯이 제가 외식업을 시작한 이유가 참치집에서 느꼈던 그 즐거움을 나누고 싶어서잖아요. 이벤트를 위한 이벤트를 하진 않아요. 이렇게 하면 고객들이 더 즐겁지 않을까? 여기서부터 시작해요.

가장 기억에 남는 이벤트가 있는데요. 고기형 1주년이 되었을 때에요. 88명의 손님들을 초대한 적이 있어요. 가게가 작으니 송정해수욕장 근처 건물 옥상을 빌렸죠. 말도 안 되는게, 비가 안 온댔는데 그날 비가 쏟아진 거예요. 취소를 할 순 없으니 그냥 진행했죠. 비가 오니 우산을 써야 하는데 손님들이 자긴 젖어도 괜찮다고, 고기가 젖으면 안 된다며 고기에만 우산을 씌웠죠. 이게 추억이 됐어요.

제 기억에 반 정도인 40명 정도가 그때 사진을 #고기형 해시태그로 올려주셨던 것 같습니다. 아마도 즐거운 추억 덕분인 듯합니다. 손님들에게 3만 원씩 받긴 했는데 쇠고기 자체가 싼 음식이 아니다 보니 지출이 크게 나가긴 했어요. 그래도 아깝지 않아요. 고객들이 그만큼 즐거우셨으니까요.

후배가 식당을 오픈한다면, 인스타그램에 대해 어떤 조언을 해주고 싶나요?

소통과 진심, 이 두 키워드가 가장 중요한 것 같아요. (손님이) 인스타그램에 오기만을 무조건 바라지 말고요. 먼저 가서 이야기를 걸고 대화를 나누는 게 중요한 것 같아요. 그리고 진심을 드러냈으면 좋겠어요. 음식에 대한 진심이건

손님에 대한 진심이건, 업을 대하는 진지한 태도에 관해서
요. 진심은 늘 통한다고 믿습니다.

우토피아는 손님들이 자발적으로 인스타그램에 글을 잘 올리는 것 같
습니다. 특별한 방법이 있을까요?

사람들은 예쁘거나 특이하면 인스타그램에 잘 올리는 것
같아요. 그렇다고 플레이팅을 할 때 인스타그램만 염두에
두고 고민하진 않습니다. 어떻게 하면 손님에게 특별한 경
험을 제공할까를 가장 중요하게 생각합니다. 남들이 하지
않는 걸 많이 시도하는 편인데 이게 특이해서인지 손님들
이 자발적으로 인스타그램에 올려주는 것 같습니다.

여담으로, 저는 부산 사람이 아닌데 그 누구보다 부산을 좋
아해요. 그래서 부산에 내려와 사는 것이고요. 특히 광안대
교를 좋아합니다. 광안리에서 우토피아를 오픈할 때, 손님
들이 광안대교를 보면서 식사하면 정말 즐겁겠다고 생각했
어요. 심지어 고기 트레이를 광안대교 모양으로 만들려고
했었어요. 비용과 기술적인 부분 때문에 포기하긴 했지만
요. 대신 최대한 광안대교스러운 걸 구했어요. 보통 고깃집
과 다른 2단 트레이가 나가니 손님들이 즐거워하면서 사진
도 찍고 인스타그램에 올려주더라고요. 식당에서 제공하는

프랑스 버터에 관한 이야기도 종종 올라옵니다. 어떻게 하면 색다르고 즐거운 경험을 제공할까 고민하다 보니 자연스럽게 인스타그램에 올릴 거리가 생기는 것 같아요.

부산에 살지 않는 친한 대표님이 부산에 내려와 맛있는 고 깃집을 가자고 했습니다. 해가 진 저녁에 간 그곳은 자그마한 식당이었습니다. 간판에는 고기형이라 써 있었고, 쇠고기를 파는 집이었습니다. 평일 저녁임에도 대기 손님들이 북적였고 보통의 고깃집과 다른 활기가 느껴졌습니다. 나중에 알고 보 니 저를 데려간 대표님과 고기형 김 대표님이 아는 사이였습 니다.

그렇게 고기형에서 즐거운 시간을 보내고 왔습니다. 그냥 먹는 쇠고기도 맛있는데 남이 사주니 맛이 없을 수 없었죠. 행복한 저는 식사하면서 찍은 사진을 인스타그램에 올렸습니다. #고기형 해시태그와 함께. 그 후 고기형 대표님이 감사의 댓글을 달았고 그렇게 서로의 인스타그램을 팔로우했습니다. 사실 처음엔 인터뷰를 사양했지만, 누군가에게 도움이 될 수도 있을 거란 설득에 인터뷰에 응해주셨습니다.

허영만 화백의 〈식객〉에는 이런 표현이 나옵니다. 소 사골로 끓인 설렁탕이 잘 닦인 길을 가는 모범생 같다면, 돼지국밥은 비포장도로를 달리는 반항아 같은 맛이라고.

김 대표님의 인스타그램을 보면 돼지국밥이 생각납니다. 통일성 있는 피드도 아니고 전문가가 찍은 듯한 사진이 꾸준히 올라오는 것도 아닙니다. 하지만 '김윤후'라는 사람의 이야기가 참 잘 드러납니다. 인스타그램을 본인 업에 적용하고 싶지만, 사진을 잘 찍지 못한다고 망설이는 분들에게 도움과 격려가 될 인터뷰라 생각합니다.

인터뷰를 마치고 나니 '이분은 정말 고기에 진심이구나. 그리고 손님이 정말 즐겁기를 바라는 사람이구나'라는 생각이 들었습니다. 부탁하지 않아도 손님이 자연스레 인스타그램에 식당과 음식 사진을 올려주는 이유 아닐까요?

⋮

인플루언서에게 얻은 세 가지 교훈
의문, 노력, 시도

이렇게 인스타그램 인플루언서를 만나 인터뷰를 하고 글로 옮기면서, 이들은 다른 사람과 무엇이 다를까 계속 고민했습니다. 모두가 열심히 해도 결과를 다르게 하는 그 무언가가 궁금했기 때문이죠. 이 질문은 비단 인스타그램에만 해당하는 것이 아닙니다. 대부분의 사람들은 각자의 자리에서 다들 열심히 일합니다. 하지만 결과는 모두 다릅니다. 사업이나 일에 운의 요소를 부정할 순 없지만, 더 잘되는 사람들의 비결이 '운이 좋아서' 때문만은 아닙니다. 이 책을 쓰면서 저는 인플루언서들이 잘되는 법칙 세 가지를 찾았습니다.

- 당연한 것에 의문 갖기

- 압도적 노력

- 꾸준한 시도

써놓고 나니 매우 뻔해 보입니다. 실망하실 수도 있습니다. 그런데 세상의 진리라는 것들도 대부분이 뻔한 내용입니다. 살 빼고 싶으면 덜 먹고 더 운동하면 됩니다. 다들 알지만 실천하지 못하는 '진리'입니다.

인플루언서가 되어서 돈을 '더' 벌고 싶다면 이 세 가지를 실천하면 됩니다. 이 뻔해 보이는 진리가 분명 긍정적인 결과로 돌아올 겁니다. 이제 하나하나씩 살펴보겠습니다.

먼저 '당연한 것에 의문 갖기'입니다. 노벨상을 수상한 심리학자 대니얼 카너먼은 《생각에 관한 생각》에서 '시스템 1'과 '시스템 2'라는 개념을 소개합니다.

시스템 1이란 사람이 저절로 빠르게 결정하는 사고입니다. 사납게 짖는 큰 개를 보면 '빨리 도망쳐야겠다'고 생각하거나, 운전하다가 앞에 사람이 보이면 브레이크를 밟는 것 등입니다. 앞에 사람이 보이면 '내가 지금 시속 28km로 달리는 중인데, 저 앞 사람이 2m 앞에 있으니 브레이크를 천천히 밟아도 된다'라고 생각하지 않죠. 그저 본능적으로 브레이크 페달을 꾹 밟습니다.

시스템 2는 고민의 과정이 필요한 사고입니다. '올해 여름 휴가는 어디로 갈까?'나 '다음 이직할 회사로 어디가 좋을까?' 같은 생각이죠. 즉, 이성의 영역에서 결론이 나는 사고입니다.

재미있는 건 사람의 사고 대부분이 시스템 1이라는 겁니다. 우리가 맥도날드에서 빅맥 세트를 시킬 때 대부분은 자연스럽게 감자튀김과 콜라를 선택합니다. 물론 콜라를 싫어해서 바꿀 수야 있지만, '왠지 오늘은 기분이 우울하니 새로운 경험을 위해 우유와 애플파이로 바꿔서 먹어야겠다'는 생각은 항상 떠오르는 게 아닙니다. 언제나 그랬듯 빅맥에 콜라와 감자튀김 세트 조합을 선택합니다. 우리는 대부분의 결정을 이성적이고 합리적으로 내린다고 믿지만 사실은 아니란 거죠.

인플루언서의 사고는 어떨까요? 대부분 시스템 2의 사고 과정을 거칩니다. 즉, 남들이 당연하다고 여기는 것에 의문을 가집니다.

제가 보기에 시스템 2는 '생각 1'과 '생각 2'로 다시 나뉩니다.

생각 1은 남들이 다 하는 생각입니다. '재미있는 사진을 올리면 사람들이 좋아하겠지?', '도움이 되는 내용을 적으면 팔

로어가 늘겠지?', '열심히 올리면 좋은 결과가 나오겠지?', '핫
플에서 사진을 찍어 올리는 게 유행이니 나도 그렇게 올리면
되겠지?' 등의 생각입니다. 하지만 이런 비슷비슷한 접근은 인
스타그램을 성장시키는 데 크게 도움이 되지 못합니다.

생각 2는 당연한 것에 의문을 가지는 생각입니다. 일단 핫
플에 가서 사진을 찍되 '인스타그램은 과연 이 사진을 좋아할
까?'를 고민하는 식입니다. 생각 1에서는 사진을 올리는 나, 사
진을 볼 상대방만 존재합니다. 하지만 자신이 올린 사진을 얼
마나 많은 사람에게 노출시켜줄지는 인스타그램이란 플랫폼
이 결정합니다. 입장을 바꿔 생각해야, 즉 생각 2로 가야 더
좋은 결과를 기대할 수 있습니다.

인플루언서뿐 아니라 일반 기업 중에서도 생각 2로 성공한
경우가 많습니다. 세계적인 자동차 회사 도요타는 전형적인
대중 브랜드라는 한계를 벗고자 '렉서스'라는 럭셔리 브랜드
를 따로 만들었습니다. 이를 따라 닛산은 인피니티, 혼다는 어
큐라, 현대는 제네시스라는 브랜드를 따로 만들었습니다. 이렇
듯 대중차 회사가 고급 시장에 진출할 때는 도요타 방식의 접
근이 당연해 보였습니다.

하지만 테슬라는 생각 2로 성공했습니다. 모델S로 고급 시
장에 진출한 다음 모델3로 대중차 시장을 공략한 거죠. 테슬

라의 성공 요인이 이것 하나 때문이라고 이야기할 순 없지만, 남이 당연하다고 하는 것을 당연하게 여기지 않았던 것이 성공 이유 중 하나임은 분명합니다.

이메일 서비스에도 비슷한 사례가 있습니다. 한때 인터넷 포털의 최강자였던 야후가 프리미엄 서비스를 내놓은 적이 있습니다. 이메일 저장 용량을 더 많이 제공하되 추가금을 내는 방식이었습니다. 더 좋은 서비스를 이용하기 위해 추가금을 내는 것은 지극히 당연해 보입니다. 하지만 구글은 생각 2로 접근합니다. '꼭 사용자에게 돈을 받아야 할까?' 구글은 많은 저장 용량을 무료로 제공하되, 광고를 붙여서 수익을 냈습니다. 당연히 구글과 지메일의 승리였습니다.

인스타그램으로 성공한 이들에겐 각각의 이유가 있습니다. 하지만 성공하지 못한 이들의 이유는 모두 같습니다. 남들과 똑같이 했기 때문이죠. 200만 팔로어 계정을 운영하는 개그맨 김재우 씨를 제가 똑같이 따라 한다고 그만큼의 팔로우를 얻을 순 없습니다. 벤치마킹도 중요하지만 잘된 이유를 분석한 다음 '나만의' 생각으로 접근해 실행해야 합니다. 남들과 다르게 생각하고, 당연한 것에 의문을 가져보세요.

두 번째, 압도적 노력입니다. 앞에서 본 한 인터뷰이는 콘텐츠 만드는 데 하루 15시간을 쓴 적이 있다고 했습니다. 저와 친한 외식 프랜차이즈 대표님은 가게를 열고 하루에 두세 시간만 자면서 일했습니다. 그래서인지 이분은 업계에서 어린 나이에도 불구하고 빠른 성장으로 주목받았습니다.

흔히 햄버거 하면 대부분 맥도날드나 버거킹을 떠올립니다. 스마트폰 하면 삼성 갤럭시나 애플 아이폰을 떠올립니다. 검색 사이트 하면 구글이나 네이버를 떠올립니다. 그런데 다이어트 하면 떠오르는 브랜드가 있나요?

영국의 한 연구(Probability of an Obese Person Attaining Normal Body Weight: Cohort Study Using Electronic Records)에 따르면, 다이어트 평균 성공률은 3%도 되지 않는다고 합니다. 성공률이 50% 정도만 되는 다이어트 제품을 개발한다면 그 회사는 다이어트계의 아이폰이나 구글이 될 수 있습니다. 그러나 아직 그런 브랜드는 없습니다. 다이어트 하면 머릿속에 떠오르는 브랜드가 없는 이유이기도 합니다.

그런데 신기한 것은 한국의 다이어트 시장 규모가 무려 7조 원이 넘는다는 것입니다. 생각나는 브랜드가 없는데 이런 규모를 어떻게 유지하는 걸까요? 적은 노력으로 큰 결과를 얻고 싶어 하는 사람의 심리 때문입니다. 어떤 상품이라도 다이어트 성공률이 높지 않다는 걸 사람들이 알지만, 살을 빼줄 거라고 믿고 싶기 때문에 제품을 사는 겁니다. 물론 현실은 바람대로 되지 않습니다.

인스타그램도 다이어트와 같습니다. 인스타그램으로 '팔로어를 늘리고 싶어요'나 '수익을 내고 싶어요'라고 말하는 사람은 정말 많습니다. 하지만 정작 열심히 노력하는 경우는 그다지 못 봤습니다. 대신 '쉬운 비법'을 찾는 데 시간을 씁니다. 그렇게 다들 실패하고 맙니다. 세상에서 쉽게 얻을 수 있는 것 중 소중한 건 많지 않습니다. 정말 소중한 것은 극강의 노력 없이는 얻을 수 없는 게 세상의 이치입니다.

어느덧 마지막입니다. 꾸준한 시도입니다. 다음 두 문장을 볼까요?

"소비자들은 오래된 것을 좋아합니다. 새우깡, 월드콘, 신라면이 팔리는 이유죠."

"소비자들은 새로운 것을 좋아합니다. 곰표맥주가 성공을 거둔 이유죠."

모순된 내용임에도 두 문장 모두 설득력이 있습니다. 이렇듯 소비자의 마음 알아차리기는 정말 어려운 일입니다. 그 이유 중 하나는 소비자 스스로도 자신이 무엇을 원하는지 잘 모르기 때문입니다. 피처폰 판매가 대부분이던 시절, 시장 1위였던 노키아는 스마트폰 시장 가능성을 확인하기 위해 소비자 대상으로 설문조사를 합니다. 당연히 소비자들은 피처폰으로도 충분하다고 말했죠. 그러나 지금 우리는 100만 원이 넘는 스마트폰을 쓰고 있습니다.

"사람들에게 무엇을 원하냐고 물어보면 더 빠른 말이나 마차를 원한다고 하지 자동차를 원한다고 하지 않는다. 소비자들은 자동차를 모르기 때문이다."

애플 창업자 스티브 잡스가 즐겨 인용했던, '자동차 왕' 헨리 포드의 말입니다.

인스타그램에 어떤 주제를 올리면 잘될지 정답을 가진 사람은 없습니다. '정답에 가까운 답'이야 있겠지만 항상 뜻대로 되진 않습니다. 그저 꾸준하고 다양한 시도로 정답에 가까워지는 수밖에 없습니다. 먼저 사용자 입장에서 어떤 콘텐츠를 좋아할지 고민해 올려보고, 반응에 따라 수정하는 거죠. 앞에서 만난 인플루언서들 역시 처음부터 잘된 경우는 많지 않았습니다. 계속 시도하고, 실행하고 방향을 조정해가며 좋은 결과를 만들었습니다.

제가 가장 좋아하는 한마디로 장을 마치고자 합니다.

"성공하는 방법은 성공할 때까지 시도하는 것이다."

나만의 목표와 기준으로
인플루언서에 도전하세요

    강의를 많이 다니다 보니 몇 가지 루틴이 생겼습니다. 그중 하나만 공개하자면 강의가 끝날 때 항상 청중에게 드리는 말씀입니다. 오늘 강의 내용을 다 기억할 필요는 없다고, 다만 실행으로 옮길 수 있겠다는 내용 하나만이라도 당장 내일 시도해보라고 말이죠.

    여기까지 읽어준 여러분에게도 똑같은 부탁을 드리고 싶습니다. 여러분이 이 책을 선택한 이유는 분명합니다. 인스타그램 팔로어를 더 모으고 싶거나, 인스타그램을 통해 자신의 제품이나 서비스를 더 알려 돈을 벌고 싶은 분들일 겁니다. 이 책에 여러분 개개인의 상황에 딱 맞는 처방을 일일이 담지 못해 못내 아쉽지만, 이 책을 통해 여러분이 알게 된 지식이 있다면 그중 딱 하나만 먼저 실천하기를 부탁드립니다. 매일 팔로어에게 꾸준히 댓글 다섯 개를 달 수도 있고, 매일 생면부지의 열 명에게 팔로우 신청을 할 수도 있습니다. 무엇이 됐든 꼭 하나라도 시작해 반복하는 겁니다.

다만 그 반복에는 일정한 기간을 정하세요. 변화가 없는데 노력만 계속하는 것은 안타까운 일입니다. 생면부지의 열 명에게 매일 팔로우를 신청했는데 한 달이 지나도 원하는 결과가 나오지 않으면 당연히 새로운 방법을 찾아야 하겠죠.

노력은 그 자체로 아름답지만 안타깝게도 세상은 결과로 행동을 평가하기 마련입니다. 세상의 기준을 바꿀 수 없다면 그에 맞출 수밖에 없습니다. 취업을 위해 열심히 노력했지만 토익 점수 하나가 커트라인보다 부족하면 어떨까요? 인사 담당자를 아무리 설득한다 해도 자격 미달이니 합격할 수 없습니다. 내가 좋은 취지로 열심히 사업을 했더라도 매출이 나오지 않으면 은행 대출 담당자를 설득할 수 없습니다.

인스타그램도 마찬가지입니다. 아무리 사진을 아름답게 찍어도, 인기 있는 해시태그를 달아도 수익이 나지 않거나 팔로어 수가 늘지 않으면 실패입니다.

제 주위에 나름대로 성공한 사람들에겐 공통점이 있습니다. 바로 물러날 때를 안다는 겁니다. 열심히 시작한 비즈니스가 원하는 성공을 거두지 못하면, 열심히 몇 번 다시 시도한 다음 미련 없이 물러납니다. 물러난다는 말은 포기한다의 다른 말이죠. 포기로 인해 자존심이 상하고 부끄러움이 생기겠지만, 오히려 성공한 사람에게는 실패의 경험도 수없이 많습니다. 다만 그들은 포기를 통해 큰 손실을 피합니다. 매몰비용의 오류를 범하지 않는다는 뜻이죠.

삶이란 자신에게 주어진 재능을 찾아서 쓰는 시간입니다. 인스타그램에서 많은 팔로어를 얻고, 돈을 버는 것은 생각보다 쉽지 않습니다. 태생적으로 부끄러움이 많거나 사생활을 알리고 싶지 않은 사람이 인스타그램 인플루언서가 되기는 매우 힘들 테니까요. 인스타그램 대신 틱톡이나 유튜브에서 자신의 능력을 발견할 수도 있습니다. 열심히 노력했음에도 원하는 결과를 얻지 못하면 깨끗이 포기하고 차선책을 고민하는 것이 현명합니다. 될 때까지 하라는 말은 하나의 방법만을 고집하라는 이야기가 아님을 꼭 명심하세요.

- 3개월 안에 1000명의 팔로어 만들기
- 나와 관심사가 같은 해시태그를 다는 사람 20명에게 매일 팔로우 신청
- 실패할 경우 다른 방법으로 3개월만 더 해보고 포기하기

인플루언서가 되고 싶다면 이런 식으로 목표, 실행 방법, 실행 기간을 정해보세요. 그리고 실천법 하나라도 당장 시도해보세요! 그리고 몇 번의 노력을 해야 최선을 다한 건지, 어떤 결과가 성공인지 판단 기준을 정확히 하세요. 그 기준은 내 자신이 스스로 정하는 겁니다.

나중에 실패할 수도, 포기할 수도 있다고 말했지만 꼭 여러분의 노력이 배신당하지 않길 간절히 바라며 이 글을 마칩니다.

더 버는 인플루언서의 브랜딩 법칙

인스타그램 심리학

2022년 9월 30일 초판 1쇄 발행
2023년 1월 20일 초판 2쇄 발행

지은이 문영호

펴낸이 김은경
책임편집 강현호
편집 권정희, 이은규
마케팅 박현정, 박선영
디자인 황주미
경영지원 이연정

펴낸곳 ㈜북스톤
주소 서울특별시 성동구 성수이로20길 3. 6층 602호
대표전화 02-6463-7000
팩스 02-6499-1706
이메일 info@book-stone.co.kr
출판등록 2015년 1월 2일 제2018-000078호

ISBN 979-11-91211-80-1 (03320)

북스톤은 세상에 오래 남는 책을 만들고자 합니다. 이에 동참을 원하는 독자 여러분의 아이
디어와 원고를 기다리고 있습니다. 책으로 엮기를 원하는 기획이나 원고가 있으신 분은 연락
처와 함께 이메일 info@book-stone.co.kr로 보내주세요. 돌에 새기듯, 오래 남는 지혜를 전
하는 데 힘쓰겠습니다.